# NOTICE



## SUR LES ORIGINES

### DE LA

# MAISON D'ALBRET

## (977-1270)

### Par A. LUCHAIRE

PROFESSEUR AGRÉGÉ D'HISTOIRE AU LYCÉE DE PAU

## PAU

LIBRAIRIE DE LÉON RIBAUT

RUE SAINT-LOUIS

1873

# NOTICE

## SUR LES ORIGINES

### DE LA

# MAISON D'ALBRET

## (977-1270)

### Par A. LUCHAIRE

PROFESSEUR AGRÉGÉ D'HISTOIRE AU LYCÉE DE PAU

PAU

LIBRAIRIE DE LÉON RIBAUT

RUE SAINT-LOUIS

—

1873

# NOTICE

## SUR LES ORIGINES DE LA MAISON D'ALBRET.

### (977-1270)

### I

La maison d'Albret tire son origine et son nom du bourg de
*Labrit* (1), situé au milieu des Grandes Landes, à peu de distance
de Bazas, de Nérac et de Condom. Restés presque inconnus jusqu'au
XIVᵉ siècle, les seigneurs d'Albret (2) se firent une réputation de
routiers hardis et de pillards infatigables dès le début de la guerre
de Cent Ans. On les voit, toujours en quête d'argent et d'aventures,
vendre au plus offrant leur épée et leurs bandes gasconnes, se battre
tantôt pour le roi d'Angleterre, tantôt pour le roi de France, et
demeurer indécis entre les deux suzerainetés, jusqu'au moment où
le mariage d'Arnaud-Amanieu d'Albret avec Marguerite de Bourbon
en 1368 rallie définitivement la maison d'Albret à la politique de
Charles V. Parents du roi, et dès lors, membres influents de la
grande féodalité française ; honorés du titre de connétable de France,
en 1403, dans la personne de Charles Iᵉʳ, sire d'Albret ; devenus,

---

(1) Labrit, département des Landes, arrondissement de Mont-de-Marsan.

(2) Marca, *(Hist. de Béarn*, p. 607) et Du Cange *(Glossarium mediæ et
infimæ latinitatis, 1850, vᵒ. Leporetum)* et les Bénédictins *(Art de vérifier
les dates,* 1784, II, p. 261. Dom Vaissète, *(Géographie historique,* II, p. 128),
ont accepté l'opinion vulgaire qui voit dans le mot Lebret une contraction de *Leporetum (arva inculta ubi lepores morari amant.)* Mais cette explication nous paraît
être le résultat d'un jeu de mots qui daterait au moins du XIIᵉ siècle. Les plus an-
ciennes chartes, celles du XIᵉ et du XIIᵉ, n'offrent que les formes *Lebret, de Lebreto,
Lebretensis, Lobreto, Lebreg. Leporeto* ne se trouve qu'une seule fois dans un
acte de 1240 (Marca, *ibid)* auquel Du Cange fait probablement allusion, lorsqu'il
avance que cette forme est la plus antique. Les cartes de l'Etat-Major relatives à la
Gascogne contiennent un certain nombre de *Labrit,* (un, entre autres, près de Com-
mensacq, Landes) et de *La Brède.* D'après nous, les noms de ces localités seraient
composés de l'article (très-fréquent dans la toponymie landaise) et d'un radical *bret,
bred* sur la signification duquel il est difficile de se prononcer avec certitude, mais qui
pourrait bien se rattacher au mot *barthe,* bois, forêt.

soit par d'heureuses alliances, soit par la munificence royale, possesseurs du comté de Dreux (1382), des comtés de Penthièvre et de Périgord, de la vicomté de Limoges et de la seigneurie d'Avesnes (1470), les sires d'Albret atteignirent leur apogée de puissance sous Alain le Grand dont la longue carrière embrassa les quatre règnes de Louis XI, de Charles VIII, de Louis XII et de François Ier (1471-1522). Aux domaines déjà fort importants que lui avaient légués son aïeul, Charles II, et sa femme, Françoise de Bretagne, Alain vit s'ajouter les comtés de Foix et de Bigorre, la seigneurie de Béarn, et même le royaume de Navarre, qui fut transféré par mariage (1482-94) entre les mains de son fils aîné Jean d'Albret. La maison d'Albret, dans laquelle vinrent ainsi se fondre toutes les riches et illustres maisons du Midi, subsista, débris unique et imposant de notre vieille féodalité, jusqu'à la fin du XVI° siècle. L'unité matérielle du royaume de France fut fondée, lorsque le dernier sire d'Albret, arriva au trône en 1589 sous le nom d'Henri IV.

Comme la plupart des maisons féodales, la maison d'Albret, parvenue à un certain degré de célébrité et de puissance, a trouvé des généalogistes complaisants qui ont reculé ses origines jusqu'à la première époque carolingienne (1) et même au-delà. Une de ces généalogies, forgée au XIV° siècle, semble avoir eu pour but de rattacher les sires d'Albret aux comtes de Bigorre. Elle nous fait remonter à un comte de ce pays, Garcias Ximènès, mort en 758, dont le petit-fils, Ximènès le Gascon, aurait reçu en partage la terre d'Albret et serait la tige de toute une série de seigneurs terminée en 1050 par l'historique Amanieu Ier. Mais les Bénédictins qui citent ce document en ont signalé eux-mêmes les invraisemblances et les anachronismes. Une autre généalogie (2), abrégée et de date posté-

---

(1) *L'art de vérif. les dates*, II p. 261. L'auteur de cette généalogie n'a pas manqué de donner à ses d'Albret légendaires du IX° et du X° siècles, les noms que les personnages de cette maison portèrent ordinairement aux XIII°, XIV° et XV° Amanieu, Bérard, Guitard, Arnaud.

(2) *Archives des Basses-Pyrénées*, E. 12. Voici un extrait de cette pièce singulière. « Il est clair, notoire et trouve l'on par instrumens anciens que regnante Propheta Jhesu et eodem tempore Sancius Mytarra de Castilhe fuit electus rex Vasconiae, et fut le premier roy et seigneur de Gascoigne. Il eut un fils nommé aussi Mytarre Sans qui feust son héritier. Cestuy second Mytarre Sans eut trois fils, c'est asçavoir Yon, Guillaume et Arnaud Gracye. A l'aisné nommé Yon donna la grande Gascogne qui est la maison d'Albret ; au second nommé Guillaume Gracy donna Armaignac et Fézensac ; au tiers nommé Arnaud Gracye donna Astarac. Une descendante d'Yon, seigneur d'Albret, demeurée seule héritière du pays, épousa Lorrain Guérin, fils aîné du duc de Lorraine, lequel renonçant à son patrimoine en faveur d'un frère puisné se contenta de l'Albret,

rieure, s'efforce de donner une origine commune aux maisons d'Albret, d'Armagnac, de Fézensac et d'Astarac : elle nous présente comme leur ancêtre et leur fondateur Sanche-Mitarra II, duc de Gascogne, et suppose la branche d'Albret intimement unie dès ces temps reculés, à la maison de Lorraine, sans doute pour justifier la tradition qui fait d'Amanieu II d'Albret le parent de Godefroy de Bouillon. On doit accorder plus d'autorité à l'assertion d'un poète provençal, témoin oculaire et historien de la Croisade des Albigeois, qui cite le nom d'Amanieu V d'Albret « issu du lignage d'Armagnac. » (1) Le jurisconsulte français, René Chopin, (2) rapporte qu'Henri II, sire d'Albret, dans son procès avec Jean d'Albret-Orval, faisait remonter l'origine de sa race au second fils d'un roi d'Aquitaine, antérieur à Charlemagne. Enfin, Oihénart (3), après avoir recensé les opinions diverses qui avaient cours de son temps sur cette question, a cru retrouver un Amanieu d'Albret dans Amanugus, comte de Poitiers, nommé par le continuateur de Frédégaire à l'année 762 (4). Il se peut qu'*Amanugus* soit le même nom qu'Amanieu (Amanevus, Amaneus); en tous cas cette dénomination n'est pas particulière à la famille d'Albret; on ne doit donc rien conclure de ce passage. — Toutes ces suppositions aventureuses, toutes ces généalogies de fabrication plus ou moins récente, prouvent simplement que, dès le XIV⁰ siècle, on était aussi embarrassé qu'aujourd'hui pour affirmer l'existence de la maison d'Albret au-delà du XI⁰. Les documents antérieurs à cette époque ne se retrouvaient déjà plus, et les souvenirs même faisaient défaut. La maison d'Albret partage donc le sort de beaucoup de familles féodales sur lesquelles l'histoire devient muette quand on veut remonter aux temps carolingiens. Loin d'accepter les détails que nos pères se plaisaient à imaginer

et ne conserva de sa maison, que les armes qui sont un champs de gueulles. Du frère puisné de Lorraine à qui demeura la totalle succession de Lorraine est yssu Gaudefroy de Bouillon qui conquist Jérusalem. De Lorrain Guérin, seigneur d'Albret, descendit Amanion d'Albret, etc. »

(1) *Histoire de la Croisade des Albigeois*, écrite en vers provençaux par un poète contemporain, traduite et publiée par Fauriel, p. 603, vers 8050.
    « Namaneus de Lebret del linh Armanhagues. »
 (2) R. Chopinus. *De dominio Franciæ* (1605) II, p. 242.
 (3) Oihénart. *Notitia utriusque Vasconiæ* (1638) p. 487.
 (4) *Fredegarii scholiastæ chronicon continuatum ad annum 762.* « Hæc videntes Vuascones terga vertunt. Vix pauci sylvis et paludibus ingressi evaserunt. Amanugus, comes Pictavensis, dum Turonicam infestatam prædaret, ab hominibus Vulfardi, abbatis monasterii beati Martini, interfectus est, et plures qui cum eo ibidem venerant, cum ipso pariter ceciderunt. »

pour combler certaines lacunes historiques, la critique moderne devra sur ce point s'en tenir, comme toujours, aux sèches et brèves mentions des cartulaires. Si elle a chance de retrouver les noms des premiers seigneurs d'Albret, ce sera seulement au bas des chartes destinées à perpétuer le souvenir d'une fondation de monastère ou d'une pieuse donation.

La ville épiscopale de *Bazas* et l'abbaye de *Condom* étaient les deux centres religieux du pays des Grandes Landes, qui comprenait le domaine primitif des seigneurs d'Albret. C'est là que la science bénédictine devait découvrir les premières traces certaines de leur existence au XI<sup>e</sup> siècle. D'autres preuves de leur piété, ou simplement de leur présence à cette époque reculée, ont été fournies par les monastères voisins; ceux de *La Réole*, dans le Bazadès septentrional; de *Font-Guilhem*, dans le Bazadès méridional; de *La Sauve-Majeure*, dans le comté de Benauges; de *Sainte-Croix*, à Bordeaux. Qu'on joigne aux renseignements puisés dans les cartulaires de ces établissements religieux quelques passages de nos historiens de la première croisade, et l'on aura tout ce qui est connu aujourd'hui des origines de la maison d'Albret: c'est-à-dire une série de noms plus ou moins altérés entre lesquels il est à peu près impossible d'établir l'ordre de filiation. Nous allons énumérer chronologiquement les trop rares et trop courtes indications qui concernent les seigneurs d'Albret jusqu'au XIII<sup>e</sup> siècle, la pauvreté de la matière ne pouvant donner lieu à une autre forme d'exposition.

Un diplôme de Gombaud, évêque de Bazas (1) et frère de Guillaume Sanche, duc de Gascogne, (année 977) relatif au monastère de La Réole, contient peut-être une indication précieuse pour le sujet qui nous occupe. Il offre parmi les noms des signataires, celui de *Utzan Amaneu vicecomitis Ezii*. Le mot *Utzan* est assez obscur: on pourrait le considérer comme l'abréviation mal comprise de *Va-*

---

(1) *Gallia christiana* (1870) I. p. 1210 « Signum Gumbaldi, episcopi et totius provinciæ ducis, Willelmi, Vasconiæ ducis, fratris ejus, Garciæ nepotis ipsorum, Rorgarii judicis, Utzan Amaneu vicecomitis Ezii etc. » Les *Archives historiques de la Gironde* (t. II, p. 231) donnent une traduction en français de la charte de Gombaud, suivie des coutumes et priviléges de La Réole, d'après la copie de dom Maupel (1728). Cette traduction s'accorde assez mal, pour le passage qui nous intéresse, avec le texte de la Gallia, car elle présente : « Rotgare, juge, Utzan Amaneu ; Séguin *vicomte*, Aveol'dat, vicomte, etc. » et supprime le mot Ezii. Une note nous apprend, il est vrai, que le texte du P. Labbe, porte « Signum vicecomitis Ezii. » En l'absence de tous moyens de contrôle et vu le peu de valeur d'une traduction en pareille matière, nous nous en tenons au texte de la Gallia.

*satensis* et le rapporter au signataire précédent *Rorgarii* (probablement pour *Rotgarii*) *judicis*. Mais la réunion des deux autres noms *Amanieu* et *Ezi* particulièrement ( nous ne disons pas exclusivement ) en usage dans la maison d'Albret, semblerait faire croire qu'il est question ici d'un seigneur de cette famille (1). Le titre de vicomte donné à l'un de ceux qui s'appelaient ordinairement *seigneurs* (domini de Lebreto) ne saurait constituer une objection, car c'est une appellation commune à tous les grands propriétaires terriers de la région du Sud-Ouest. Si notre conjecture a pour elle quelque probabilité, c'est à l'année 977 et non plus à l'année 1050 qu'il faut faire remonter le premier document historique relatif aux d'Albret. Mais il ne s'agit ici, bien entendu, que d'une pure et simple hypothèse.

Suivant les Bénédictins (2), un Amanieu d'Albret se trouve nommé, en 1050, dans un titre de l'abbaye de Condom. Ils l'appellent *Amanieu 1er* et font commencer à lui la liste véritable des sires d'Albret. Mais la légende généalogique (3) en sait davantage : elle affirme que cet Amanieu est le troisième fils de Bérard d'Albret, fixe son avènement en 1055 (le 12 mai!) et sa mort, causée par une chute de cheval, en 1060. Enfin elle lui donne pour femme Ximène de Navarre, dont il aurait eu deux fils, Amanieu II et Bérard.

Peut-être Amanieu II est-il celui duquel Siguin, (4) abbé de Condom, racheta la propriété d'une église au prix de deux chevaux de grande valeur et de vingt sous d'or. Le cartulaire de Condom place cet acte vers 1084 ; il est vrai qu'une variante semblerait le faire remonter jusqu'aux premières années du XI° siècle.

Ce même Amanieu II paraît être mentionné, sous le nom de Guillaume-Amanieu, dans un acte de 1154, tiré du cartulaire de Sainte-Croix (5). L'auteur de cette déclaration, Arnaud Gombaud,

(1) *Amanieu* resta longtemps un nom très commun en Gascogne et en Guyenne. *Ezi (Ezii, Elzii, Eicius, Ez, Ex)*, dénomination fort ancienne, disparut beaucoup plus tôt, mais se conserva dans la maison d'Albret jusqu'au XIV<sup>e</sup> siècle.

(2) *L'art. de vérif. les dat*, II, p. 202, — Cf. le P. Anselme. *Histoire généalogique de la maison royale de France*, t. VI, p. 206.

(3) Voy. plus haut.

(4) *Gall. christ.* (1756) IV. p. 202 « Siginus vel Siguinus ecclesiam Sancti-Petri Sanagorensis quam *Amanevus*, Lebretensis dynasta, quasi propriam vindicabat datis duobus equis magni pretii et 20 solidis redimit.

(5) *Archives historiques de la Gironde*, I, p. 234 « Tempore Wuillelmi, totius Aquitaniæ ducis, nec non Gaucelini, Burdegalensis præsulis, est effecta contentio inter Arnaldum Trencardi, Sanctæ-Crucis abbatem, et *Guillelmum Amanei*, sibi improperan..

abbé de Sainte-Croix, se reportant à une époque bien antérieure, rappelle le différend survenu, au temps de Guillaume VII, duc d'Aquitaine, et de Joscelin de Parthenay, archevêque de Bordeaux (1059-1086), entre Arnaud Trencard, abbé de Sainte-Croix, et Guillaume-Amanieu. Celui-ci aurait reproché à l'abbé de n'avoir fait aucune acquisition pour le monastère de Saint-Macaire. Mais malgré l'affirmation du savant distingué qui a publié ce document, rien n'indique précisément qu'il s'agisse ici d'un seigneur d'Albret (1). Ce ne peut être qu'une conjecture, à la vérité, assez plausible (2).

En tous cas, pour retrouver les traces d'Amanieu II il faut se transporter au temps de la première croisade. Presque toute la féodalité du Midi s'était levée et courait, sous la conduite de Raymond de Saint-Gilles, à la délivrance de la Terre-Sainte. Les seigneurs d'Albret durent se laisser entraîner au mouvement général et suivre l'exemple de leur illustre voisin, Gaston, vicomte de Béarn. En effet, Guillaume de Tyr (3) nomme en trois endroits un *Guillaume Amanieu* qui est presque toujours mentionné après le chef béarnais. En 1095, (4) il le place parmi ceux qui vinrent se ranger autour de Raymond, comte de Toulouse, et d'Aymar, évêque du Puy. En 1098, (5) il fait de Guillaume Amanieu un de ceux qui commandaient le XI<sup>e</sup> corps de l'armée des croisés dans la bataille livrée à Kerboghah sous les murs d'Antioche. Enfin, à l'année 1099, un autre historien

tem nihil boni loco Sancti-Macharii adquisivisse, imo sua destruxisse. » Un autre passage du même document est beaucoup moins intelligible : « Tertiam vero partem alodii Gombaldi, patris Boronis monachi, proquo diu renuit *Willelmus Amanei*, insequi justitiam, quoadusque *tradidi sibi* (?) equum ac solidis emptum». Il ne peut être question ici que d'un autre Guillaume Amanieu.

(1) Une des notes porte : « *Guillaume Amanieu d'Albret*, avait revendiqué l'église de Saint-Macaire jure seu domini, seu advocationis, mais à la prière de l'archevêque Joscelin, il s'était désisté de ses prétentions. »

(2) Les Bénédictins n'ont pas hésité non plus à reconnaître un seigneur d'Albret dans le *Guillaume Amanieu* de la première croisade, mais on va voir plus loin les raisons qui nous empêchent d'être aussi affirmatif.

(3) Dom Vaissète. *Histoire générale de Languedoc* (1733), II p. 291. Il ne cite qu'un des deux passages où Guill. de Tyr nomme Guillaume Amanieu en 1095 parmi les croisés du Midi. L'édition de 1872 n'a rien ajouté, sur le point qui nous occupe, aux données de Dom Vaissète.

(4) Will. Tyr. I, 17 (*Recueil des Historiens des Croisades*, I, p. 45) « Sed et de viris majoribus qui tamen comites non erant, ad idipsum Deo placitum obsequium sponte se obtulerunt inclyti viri et nobiles Henricus de Ascha, Radulfus de Bagentiaco, Hebrardus de Pusato, Gentonius de Bear, *Willelmus Amaneu*, etc. » —Id. II, 17 « Gentonius de Bear, *Guillelmus Amaneu*, etc. »

(5) Will. Tyr. VII, 17. « Undecimam vero Yscardus, comes Diensis, Raimundus Piletus, Gastus Biterensis, Gerardus de Rossilon, Willelmus de Monte Pessulano, *Guilhermus Amaneus* tenuerunt.

de la croisade, Pierre Tudebœuf, mentionne un *Amanerius de Lobreto,* (1) parmi les chefs chrétiens qui exécutèrent une brillante et heureuse sortie sous Tripoli. On peut donc à peu près affirmer la présence d'un Amanieu d'Albret aux opérations de la première croisade. Ce serait Amanieu II, suivant les Bénédictins (2). La légende généalogique, toujours mieux renseignée, prétend sans hésiter qu'il était fils d'Amanieu Ier et parent de Godefroy de Bouillon ; qu'il entra le premier après lui dans Jérusalem et qu'il mourut en 1100 laissant d'Arsinde de Narbonne, sa femme, un fils qui fut Amanieu III.

Nous trouvons en 1124 dans la charte de fondation de l'abbaye de Font-Guilhem (3) le nom d'un parent d'Amanieu III, Etienne de Lebret, archidiacre de Bazas et ancien évêque, personnage dont l'*Art de vérifier les dates* ne parle pas.

Amanieu III lui-même apparaît en 1130 dans un titre de l'abbaye de Condom (4). Les Bénédictins lui donnent pour fils Bernard Ier.

Bernard Ier, seigneur de Lebret, est en effet signataire d'un titre de l'abbaye de La Souche (5) en Bordelais (1140). Les Bénédictins le

(1) Petri Tudebodi. *Historia de Hierosolymitano itinere.* Même recueil, I. p, 98. « Uno vero die exierunt quatuordecim ex nostris militibus et equitaverunt contra Tripulim civitatem que distat a castro octo millia. Isti milites fuerunt scilicet Raimundus, de Torena vicecomes, et Petrus, vicecomes de Castelion, et *Aimericus de Lobenes.* » Ainsi porte le manuscrit A ; le ms C donne *Amarerius de Lobene* ; le ms D, *Amaverius de Lobene* ; et l'abrégé de *Tuebœuf* (p. 210), *Amanei de Lubens.* Ces variantes semblent indiquer qu'il s'agit ici, non de la famille de Lebret, mais de la famille de *Loubens.* Heureusement que le ms B vient à l'appui de la conjecture de Dom Vaissète, car il offre : *Amanerius de Lobreto.* Dans tous les cas, nous ne pouvons assurer aussi hardiment que l'historien du Languedoc l'identité du Guillaume Amanieu de Guill. de Tyr avec l'Amanieu II du titre de Condom ; remarquons en effet qu'Amanieu n'est pas un nom particulier à la maison d'Albret, et que le nom de Lebret ne se trouve pas dans G. de Tyr.

(2) *L'Art. de vérif. les dat.,* II. p. 262.

(3) *Gall. christ* (1870) ad Instrum. Eccl. Vasat. p. 190 « Testes sunt *Stephanus de Lebret* archidiaconus, q'i episcopus fuerat, etc. » Il est probable que cet Etienne de Lebret, élu évêque, n'avait pas été confirmé. Le récent éditeur de la Gallia, dans une note de la p. 1193, ne peut « assimiler, » dit-il, « Etienne de Lebret qu'avec l'évêque de Bazas, Etienne de Sentes. » Il fait remarquer que ce surnom de Sentes ne se rencontre absolument que dans la Gallia des frères Sainte-Marthe. Néanmoins il ne nous est guère possible de partager son opinion. Etienne de Lebret souscrit en 1124 et les dates extrêmes de l'épiscopat d'Etienne de Sentes sont 1087 et 1103. Rien n'indique que celui-ci soit mort en 1103, mais rien ne prouve non plus qu'il ait été déposé. L'épiscopat de son successeur, Bertrand de Baslade, commence au moins en 1108. L'écart trop grand de 1087 à 1124, la durée de l'épiscopat d'Etienne de Sentes, enfin la différence des noms de famille, nous font regarder la conjecture de Dom Piolin comme peu fondée.

(4) *L'art de vérif. les dat.,* II, p. 262.

(5) *Ibid.* Nous pensons que cette abbaye de La Souche, dont nous n'avons pu ailleurs retrouver le nom, pourrait bien être la même que l'abbaye de La Sauve.

croient père d'Amanieu IV, de Roger et de Rose d'Albret.

C'est Amanieu IV qui clot la liste des sires d'Albret du XII° siècle. Resté chef de sa maison pendant plus de cinquante ans (son testament est de 1209), il nous est un peu mieux connu que ses prédécesseurs. Huit documents nous ont transmis son nom en même temps que le souvenir de ses actes pieux ou des solennités auxquelles il prit part comme vassal des ducs d'Aquitaine (rois d'Angleterre) Henri II et Richard Cœur-de-Lion.

Nous le retrouvons d'abord dans un titre de l'abbaye de Font-Guilhem (1) qui le qualifie neveu de Gaston V, vicomte de Béarn (1140-1152.) Il fait présent à l'abbaye, dirigée alors par Etienne, de ses terres d'*Artigavella*. (2)

En 1156 (3), il est au nombre des barons aquitains qui ont suivi Henri II Plantagenet à l'abbaye de La Sauve-Majeure et il signe, avec son suzerain, une charte de concessions faites à ce monastère.

L'année suivante, (4) on le voit en guerre contre l'évêque de Bazas. Il essaye même de se rendre maître de cette ville, mais il est battu et contraint de demander la paix au clergé.

En 1160, son nom apparaît de nouveau, suivant les Bénédictins, (5) dans une charte d'Odon, vicomte de Lomagne, où il est question de Roger, frère d'Amanieu de Lebret.

En 1170, (6) quand une nombreuse ambassade de barons anglais et français est envoyée en Espagne pour accompagner Eléonore, fille d'Henri II d'Angleterre, à la cour de son époux le roi Alphonse de Castille, Amanieu d'Albret fait partie de l'escorte avec ses voisins les vicomtes de Tartas et de Bayonne. Zurita l'appelle Amaneus Lebretensis.

1174. — On le revoit ensuite à Bordeaux, où il signe, avec son

(1) *Gall. christ.* (1715) I, p. 1221.
(2) Artiguevielle, département de la Gironde, arr. de Bazas.
(3 *Arch. des B.-Pyr.* E. 221. Vidimus d'une concession d'Henri Plantagenet à l'abbaye de La Sauve-Majeure ; parmi les signataires *Amaneus de Lebreto*.
(4) *Revue d'Aquitaine*, XI, p. 375. Notes pour servir à l'histoire de la ville des Bazas recueillies par Baluze et publiées par P. T. de Larroque. — Cf. Montlezun. *Histoire de la Gascogne*, (Auch 846), t. II p. 387. Cet historien raconte le fait autrement. « Amanieu d'Albret après avoir prélevé sur le pays des taxes vexatoires, se présentait à la sainte table, dans la cathédrale, l'archidiacre Guillaume lui refusa hautement la communion jusqu'à ce qu'il eut réparé ses injustices. » Mais il a tort de placer cet épisode vers le milieu du XIII° siècle.
(5) *L'art de vérif. les dat*, II, p. 262.
(6) Marca, p. 607. Zurita. *Indices rerum ab arayonensibus regibus gesxarum* (1578), t. I, p. 76.

nouveau suzerain, Richard, comte de Poitiers, une charte (1) con-firmative des donations faites à l'abbaye de Sainte-Croix.

1190. — Puis, 16 ans plus tard, à La Réole, où il souscrit, à la suite du même Richard, devenu roi d'Angleterre, un acte (2) qui sanctionnait les concessions accordées au monastère de la Sauve.

1195. — Enfin l'*Art de vérifier les dates* (3) nous le montre, à la fin du XIIe siècle, déclarant, dans une charte, avoir payé tous les droits dotaux et légitimaires de Rose d'Albret, sa sœur.

Tels sont, à notre connaissance du moins, les documents qui ont rapport à la maison d'Albret, pendant les deux premiers siècles de son existence historique. Vassaux des ducs de Gascogne à la fin du Xe siècle, des ducs d'Aquitaine au XIe et au XIIe ; protecteurs et bienfaiteurs de l'abbaye de Condom ; honorés de charges ecclésias-tiques dans l'évêché de Bazas, témoins de toutes les solennités reli-gieuses de l'Aquitaine ; unis par des liens de parenté aux vicomtes de Béarn ; chefs d'une partie de l'armée gasconne durant la première croisade, les seigneurs d'Albret paraissent avoir joué un certain rôle dans tous les événements qui ont trait à la féodalité du Midi, et en particulier à celle du Sud-Ouest. Malheureusement les indications qui les concernent sont trop peu nombreuses et trop peu précises pour permettre autre chose qu'une sèche énumération. La période suivante de leur histoire, qui s'étendra de 1200 à 1270, nous mettra peut-être en mesure d'offrir un récit plus suivi, et partant, plus intéressant.

II

Les premières années du XIIIe siècle ne présentent aucun fait qui puisse se rattacher particulièrement à l'histoire de la maison d'Al-bret. Au moment où la funeste guerre des Albigeois commençait à ensanglanter le Midi, Amanieu IV terminait dans le repos sa longue carrière. Il fit son testament le 2 août 1209, s'il faut en croire les Bénédictins, (4) luisant de sa femme, Adelmodis d'Angoulême, un

(1) *L'art de vérif. les dat.*, II, p. 262.
(2) *Gall. christ.* (1715), I, p. 988. Il est appelé dans cet acte *Amanevus de Lebret.*
(3) *L'art de vérif. les dat.*, II, p. 262.
(4) *L'Art de vérif. les dat.*, II, p. 262. Le P. Anselme, t. VI, p. 206. Le testament d'Amanieu IV n'existe pas aux archives des Basses-Pyrénées. Nous craignons fort que les Bénédictins n'aient emprunté cette date précise à la généalogie fantaisiste dont ils nous ont donné un spécimen. Peut-être, sur la foi d'un inventaire (tous ceux des sires d'Albret sont remplis de fautes), ont-ils confondu le testament d'Amanieu VII, qui est

fils, qui fut Amanieu V et deux filles, Pincelle ou Pulcelle et Mathe (1).

Un événement aussi considérable que la Croisade des Albigeois devait avoir son contre-coup dans les pays même les plus éloignés du théâtre principal de l'hérésie et de la guerre. Sans doute, les doctrines contraires à l'orthodoxie ne se répandirent guère au-delà des limites de l'Agenais, et il est très probable que les peuples de la Gascogne occidentale et des Landes demeurèrent neutres entre les Albigeois et les croisés. C'est du moins ce que semblent indiquer certains passages des chroniques relatives à cette époque. La chronique languedocienne publiée par Dom Vaissète (2) rapporte qu'en 1210 les légats pontificaux et Simon de Montfort tentèrent vainement de prendre quelques places aux environs d'Agen et de Sainte-Bazeille, et qu'ils trouvèrent très peu de partisans parmi les gens de ce pays. (3) Le poète provençal traduit par Fauriel nous apprend à peu près la même chose en d'autres termes (4). « L'évêque de Toulouse, Folquet, celui de Marseille et l'abbé de Cîteaux.... Vont tous les jours prêchant le peuple pour le soulever — Du prêt et de l'usure ils se plaignent fort l'un et l'autre — Ils prêchent partout l'Agenais contre cette peste — Et l'abbé en chevaucha jusqu'à Sainte Bazeille — Mais de tout ce qu'ils prêchèrent rien n'entra dans l'oreille des habitants — Qui par moquerie s'en vont disant. Encore Aude la Belle. » Néanmoins les plus belliqueux barons de la Gascogne, attirés par

du 12 août 1309, avec celui d'Amanieu IV. En tous cas nous n'avons trouvé à l'appui de leur assertion, que cette mention d'un catalogue manuscrit très moderne. *Arch. des B.-Pyr.* E. 12 « Depuis l'incarnation nostre seigneur mil deux cents et huict trespassa monsieur Amanieu d'Albret, chevalier et seigneur d'Albret. » Encore, dans les lignes qui suivent immédiatement, le copiste a-t-il commis de grossières erreurs, et confondu plusieurs fois le XIIIe siècle avec le XIVo.

(1) Sur Pincelle ou Pulcelle, fille d'Amanieu IV, voir *L'art de vérif. les dat.*, ibid. et le P. Anselme, III, p. 413. Ils nous apprennent qu'elle est nommée dans un mandement d'Alphonse, comte de Poitiers, à son sénéchal de Toulouse.— Cf. Montlezun, *Hist. de Gasc*, t. II, p. 320. Il cite un passage du cartulaire de l'abbaye de Gimont relatif à une donation de Roger d'Armagnac, vicomte de Fézensaguet, et de Pulcelle, sa femme, faite en 1243 à l'abbé Guillaume. Il ajoute que Pulcelle, nommée tutrice de ses enfants, Géraud, Roger et Amanieu réclama au nom de l'aîné, la succession de Bernard V, comte d'Armagnac, et en appela aux armes. Quant à l'autre fille d'Amanieu IV, Mathe, qui, suivant les Bénédictins, aurait épousé Raymond Bernard, vicomte de Tartas, elle n'est mentionnée nulle part ailleurs. Peut-être son existence aura-t-elle été supposée par confusion ; Mathe, fille d'Amanieu VI, et Mathe, fille d'Amanieu VII, ayant été toutes deux mariées à des vicomtes de Tartas.

(2) Dom Vaissète. *Hist. du Lang.*, III. Preuves, p. 25.

(3) Ibid. « Mas els non foguen gaire presats ny crenhuts de las gens d'el dit pays. »

(4) *Hist. de la Crois. des Albig.*, publiée par Fauriel, p. 75.

l'espoir du butin, ne manquèrent pas de prendre parti les uns pour Raymond de Toulouse, les autres pour Simon de Montfort. Amanieu V, seigneur d'Albret, se rallia à la cause catholique. En 1210 il assistait, dans l'armée du chef des croisés, au siége de Termes, château fort du comté de Narbonne. « On voyait là, dit la chronique, maints nobles ba-
» rons — Mainte riche soierie, maint superbe pavillon — Mainte tuni-
» que de soie et maint beau siglaton — Force lances de frêne avec pen-
» nonceaux et bannières — Une foule de chevaliers et de bons damoi-
» seaux — Allemands, bavarois, saxons, frisons, manceaux, angevins,
» bretons, normands — Longobards et italiens, gascons et provençaux
» — Le seigneur archevêque de Bordeaux s'y trouvait — *Amanieu de*
» *Lebret*, de même que celui de Langon — Tous ceux qui sont là
» y font leur quarantaine — Et quand les uns viennent, les autres
» s'en vont. » (1) On peut croire que le seigneur d'Albret, les qua-
rante jours du service féodal expirés, ne renouvela pas de sitôt un voyage aussi lointain, car son nom ne paraît plus dans les chroniques, jusqu'à la mort du comte Simon. Il est cependant permis de penser qu'en 1217 il fit partie de l'armée catholique qui essaya vainement de reprendre Toulouse. Comme les autres barons de Gascogne, Amanieu ne venait qu'à contre-cœur se ranger sous la bannière des hommes du Nord (2), il dut, lui aussi, rire et se réjouir en secret (3) de l'échec essuyé par le comte de Montfort (4). Mais il n'en resta pas moins fidèle à la cause catholique. Lorsque Simon eut été tué en 1218, beaucoup de seigneurs et de villes du Midi changèrent de poli-tique et se rallièrent à la maison de Toulouse. Amanieu, au contraire, continua de soutenir ses anciens alliés et vint se ranger dans l'armée du jeune Amaury de Montfort. Il prit part au siége de Marmande en 1219 (5). « Le comte Amaury (dit le poète provençal) s'en est allé en
» Agénois — Ayant en sa compagnie force clercs et chevaliers — Des
» barons de la terre des Croisés et des Français — Avec lui y allèrent
» le seigneur abbé à qui appartient Rocamador. Ainsi que ceux de

(1) Fauriel. *Hist. de la Crois. des Albig.*, p. 91, vers 1264 et 1265.

Lo senher arsevesques ques de Bordel,
*Namaneus de Lebret,* e cels devas Lengon.

(2) Ibid. p. 445. « Les barons de Gascogne qui avaient été là mandés. — N'étaient venus au comte qu'avec chagrin et de force. »

(3) Ibid. « Se lamente et pleure qui voudra. — Eux rient et se réjouissent. — Nous voici tous relevés, se disent-ils l'un à l'autre. — O noble Toulouse, o cité accomplie. »

(4) Fauriel. Ibid. p. 443.

(5) Ibid. p. 603.

» Quercy et de Clermont — Ainsi que don *Amanieu de Lebret* (1), du
» lignage d'Armagnac — Puissant, vigoureux, gentil, des plus nobles
» du Bazadès — De largesse accomplie et seigneur de Saissy — Avec
» des hommes du pays et beaucoup d'autres — Le comte Amaury a
» campé devant Marmande. » On sait que la ville fut prise et saccagée
avec l'aide du fils de Philippe-Auguste, Louis, qui vint renforcer les
assiégeants. Malheureusement pour Amanieu V, les succès des gens
du Nord s'arrêtèrent là : ils eurent presque partout le dessous de
1219 à 1223. Les soldats de Raymond de Toulouse ravagèrent l'A-
genais et le Bazadès, et s'ils ne s'avancèrent pas dans les Grandes
Landes et jusqu'à Labrit, pays trop pauvre pour les attirer, ils
mirent la main sur les terres plus fertiles que possédait le seigneur
d'Albret près des bords de la Garonne. A la fin de l'année 1223,
Amaury de Montfort, dénué d'argent et d'hommes, était obligé de
capituler dans Carcassonne, et signait le 14 janvier 1224 (2) avec
les comtes de Toulouse et de Foix, un traité dans lequel fut compris *Amanieu V*. En retour de ses restitutions et de ses concessions, Amaury obtint que ceux qui avaient été dépouillés de leur
patrimoine pour avoir suivi son parti rentreraient dans leurs biens.

Le nom d'Amanieu V ne reparaît plus pendant six ans. Sa par-
ticipation à la guerre des Albigeois lui avait trop mal réussi pour
qu'il voulut s'occuper de la nouvelle croisade prêchée en 1226
contre les malheureuses populations du Midi. On sait qu'elle se
termina en 1229 par l'humiliation définitive de Raymond VII et le
démembrement du comté de Toulouse au profit de la royauté française. *Amanieu d'Albret* resta le vassal de Raymond pour ses possessions d'Agenais.

Mais la situation des seigneurs d'Albret comme feudataires du
duché de Guyenne devait leur susciter bien d'autres embarras, en
les jetant dans la guerre trois fois séculaire des rois Anglais et des
rois de France. Dans l'été de 1224, le successeur de Philippe-Auguste, Louis VIII, décidé à compléter les conquêtes de son père,

(1) Ibid. vers 8950-8953.
    *Namanheus de Lebret*, del linh Armanhagues
    Ries e galhartz e coindes del mehs de Bazades
    E complitz de larguera e senher de Saishes.

(2) *Hist. du Lang.* t. III. p. 336 et Preuves p. 286. « Et nos (les comtes de
Toulouse et de Foix) debemus restituere tam militibus quam aliis qui sunt exhere-
dati pro eo quia adheserunt comiti Amalrico hereditates suas, specialiter illis de
Biterri, de Narbona, de Carcassona et *Amaneo de Lebreto*, etc. »

vint en personne soumettre la Saintonge, l'Angoumois, le Limousin, le Périgord et la moitié du Bordelais. Il s'arrêta devant la Garonne ne laissant aux Anglais que la Gascogne et Bordeaux. Henri III envoya trop tard pour défendre ses possessions d'Aquitaine son frère Richard de Cornouailles. Tout ce que celui-ci put faire en 1225, ce fut de rallier les barons gascons et de reprendre La Réole. Il est probable qu'en cette occasion, *Amanieu d'Albret* rendit à son suzerain le devoir féodal du service militaire, mais les chroniques et les chartes ne nous ont rien appris sur ce point. Ce n'est qu'en 1231 que commencent les relations certaines entre le seigneur d'Albret et les Anglais. Une lettre de sauf-conduit, datée de l'Ile d'Oléron le 16 août (1) et signée par Hélie Rudel, seigneur de Bergerac et de Gensac, *Amanieu d'Albret,* Pierre de Gabarret, Guillaume Rudel, seigneur de Blaye, et Henri de Trubleville, sénéchal de Gascogne, assure les fidèles qui voudraient se rendre à la dédicace du monastère de La Sauve-Majeure, de la protection du roi d'Angleterre et des seigneurs signataires. Henri III ne tarda pas d'ailleurs à quitter son duché de Guyenne : l'attitude hostile d'un puissant vassal, Hugues de La Marche, qui menaçait d'enlever, pour son compte, à la domination anglaise le Poitou, la Saintonge et l'Angoumois, et les troubles intérieurs de l'Angleterre forcèrent le roi à se rembarquer et à différer la guerre qu'il projetait contre Saint-Louis. La lutte ne recommencera qu'en 1242 et avec elle paraîtront les premiers documents un peu étendus qui intéressent l'histoire de la maison d'Albret.

Dans l'intervalle, l'existence d'Amanieu V n'est guère constatée que par trois ou quatre actes d'une importance très secondaire et purement locale.

En 1232, le seigneur d'Albret est témoin et arbitre d'une transaction passée par Boson de Mastas, le cinquième mari de la fameuse Pétronille, comtesse de Bigorre (2).

En 1240, son nom se trouve mentionné, au dire de Marca, dans une lettre d'aleu du comte de Comminges (3).

(1) *Gall. christ.* (1715) II. instr. col. 289 ex chartul. Silv. Maj. p. 158. « Helias Rudelli, dominus Brangiaci atque Genciaci, *Amanevus de Lebreto,* Petrus de Gavareto, vicecomes de Vezaumes, G. Rudelli, dominus de Blavia, et Henricus de Trepavillâ, Vasconiæ senescallus. »

(2) *Gall. christ.* (1715) I. p. 991. Cf. Marca. (*Hist. de Béarn* p. 826) qui a analysé cette charte, et *Arch. des B. Pyr.* E. 569.

(3) Marca. p. 607. « Cet Amanieu de Lebrit ou Lebrig, est le même qui est nommé dans une lettre d'aleu du comte de Commenge de l'an 1240 *Amanevus de Leporeto.* »

La même année, Raymond VII, comte de Toulouse, se trouvant à Castelnaudary, le 1er septembre, y donnait à Amanieu d'Albret l'investiture de tous les fiefs que son père possédait à l'époque de sa mort, dans le diocèse d'Agen (1).

Enfin en 1241 (2) le même Amanieu, par un acte daté de Bazas, le 18 septembre, investissait à son tour trois bourgeois de cette ville, Vidal, Pierre et Gaillard de Cabozids, de sa terre de Lugagnac (3) et de sa propriété de Villeneuve près Bazas, à charge d'un cens annuel de deux sous Morlaas.

Avec la guerre de 1242, nous revenons à l'histoire générale. L'œuvre de l'unité française se trouva fortement compromise, à cette époque, par la redoutable coalition que formèrent contre Louis IX tous les chefs féodaux du Midi, entre autres le comte de la Marche, le comte de Toulouse, et le duc de Guyenne, roi d'Angleterre, Henri III. Lorsque les hostilités furent ouvertes, le roi anglais débarqua en Saintonge, suivi à peine de quelques-uns de ses sujets d'outre Manche, la grande majorité de la noblesse ayant refusé de l'accompagner. Il ne pouvait guère compter que sur ses vassaux de Poitou, d'Aquitaine et de Gascogne, et se hâta de les convoquer. Par une lettre datée de Pons (4), le 25 mai 1242, il écrivit aux maires et aux communes de Bordeaux, de Bayonne, de La Réole, de Saint-Macaire, de Bazas, etc., leur donnant rendez-vous à Royan pour le commencement de juin. En même temps il adressait des lettres

(1) *Hist. du Lang.* t. III. Preuves, col 304. Cf. *Arch. des B. Pyr.* E. 17. « Noverint etc, quod nos recognoscimus quod nos dilectum ac fidelem nostrum virum *Amanevum de Lebreto* investimus et in corporalem induximus possessionem de omnibus illis qne pater suus habebat et tenebat in diocesi Agennensi tempore mortis suæ, etc. »

(2) *Arch. des B.-Pyr.* E 187. « Amanevus de Lebreto. Omnibus presentibus et posteris has licteras inspecturis salutem in Domino. Acta sollempnia scripture consueverunt memorie comendari ne possint antiquitate temporum abholeri. Capropter vobis volumus fieri manifestum quod nos dedimus Vitali et Petro et Galhardo de Cabozids fratribus, civibus Vasatensibus, et heredibus corumdem terram meam de Luganhag cultam et incultam et etiam totum illud quod Raimundus Mercer ibidem tenere consuevit et terras etiam nostras que sunt cltra rivum versus Vasatum, que nominantur Villa Nova, in feodum pro duobus solidis morlanensibus censualjbus annuis, in festo sancti Martini hyemalis, nobis vel mandato nostro et heredibus nostris, apud Vasatum, annis singulis persolvendis. Hujus autem rei testes sunt : Bertrandus de Moyssag, Arnaldus Garcie de Cesquas, Arnaldus de Willelmi de Scoace, milites, Willelmus Arnaldus de Ladils, filius Willelmi, Arnaldus Galhardi Micol, cives Vasatenses, et plures alii. Quod ut ratum permaneat et stabile perseveret, presentes litteras conscribi fecimus et sigilli nostri testimonio confirmari. Datum apud Vasatum, anno Domini M CC XL primo, tercio idus septembris. » (Original sur parchemin ; le sceau manque.)

(3) Lugagnac, département de la Gironde, arrondissement de La Réole.

(4) Pons, département de la Charente-Inférieure, arrondissement de Saintes.

nominales aux principaux barons de Gascogne dans lesquelles il déterminait le nombre d'hommes que chacun d'eux devait à son ost. *Amanieu d'Albret* fut invité, comme ses voisins, à se rendre à Pons, lieu de réunion fixé pour la noblesse. Il faut croire que le seigneur d'Albret était, après le vicomte de Béarn, le plus riche et le plus important feudataire de la Gascogne, car il était tenu de fournir 30 hommes à l'armée du roi d'Angleterre, tandis que ses voisins, les vicomtes de Tartas et de Fronsac et le comte d'Armagnac en devaient seulement 20; le vicomte de Navailles, 10, les vicomtes de Marsan et d'Orthe, 5, le vicomte de Maremmes, 3. (1) La maison d'Albret participa donc à la formation de l'armée qui vint attendre celle de Saint-Louis près de la rive sud de la Charente, aux environs de Taillebourg (juillet 1242). On sait qu'Henri III, complétement battu, s'enfuit de Taillebourg à Saintes, de Saintes à Blaye et de Blaye à Bordeaux (15 août). Là il fut rejoint par Raymond VII, comte de Toulouse, son allié, qui, plus heureux, venait de reprendre sur les Français les pays dont l'avait dépouillé le traité de 1229. Tous deux essayèrent de reformer la coalition, en concluant un traité de paix dont ils firent jurer les clauses par leurs vassaux. Raymond VII prêta serment avec vingt-quatre de ses feudataires, au nombre desquels se trouva *Amanieu d'Albret* (2). Mais l'espoir des coalisés ne fut pas de longue durée. Le comte de Toulouse, déjà découragé par la fuite d'Henri II, apprit bientôt qu'une nouvelle armée se formait dans le Nord, à l'instigation des évêques, et se préparait à renouveler les horreurs de la guerre des Albigeois. Il s'humilia devant Louis IX, lui fit de nouveau hommage de ses terres, et jura même de faire prêter serment de fidélité au roi, par devant les commissaires royaux, à tous ses barons, chevaliers et bourgeois. *Amanieu V* prêta ce nouveau serment qui ne l'engagea pas à grand chose, en compagnie de tous les barons de l'Agenais. (Janvier 1243). (3)

Quant à Henri III, voyant que la Saintonge, le Poitou et une partie de la Guyenne, envahis par les Français, étaient perdus pour lui, il restait à Bordeaux, ou se promenait du monastère de La Sauve à celui de La Réole, dépensant ses livres sterlings en fêtes et en plaisirs, et se contentant de couvrir la Gascogne avec l'aide des seigneurs des Landes et des Pyrénées. Suivant que les Français faisaient mine de vouloir passer la Garonne ou se retiraient vers le Poitou, il commandait ou décommandait les levées féodales. De là, les convocations fréquentes et contradictoires qu'il adressa dans l'hiver de 1242 et en 1243 aux principaux barons gascons, parmi lesquels se trouve presque toujours mentionné *Amanieu d'Albret*.

Le 12 novembre 1242, étant à La Réole, il ordonne aux seigneurs de Buch, de Fronsac, d'Albret, de Gironde, etc. (1) de se rendre tout armés à La Sauve le dimanche 30 novembre, jour de Saint-André. Une seconde lettre les convoque seulement pour le jeudi, lendemain des Cendres. Une troisième les renvoie à la Pentecôte. Puis, lorsque la trêve avec le roi de France est enfin signée, en mars 1243, Henri III donne congé à toute l'armée, ne quitte plus Bordeaux et convie les seigneurs gascons à venir vider avec lui les trente tonneaux d'argent qu'il avait amenés d'Angleterre. Amanieu d'Albret, convoqué à Bordeaux par un mandement du 15 juillet 1243 (2), eut sans doute une large part dans les libéralités du roi anglais. C'est seulement au mois de septembre qu'Henri III, n'ayant plus rien à prodiguer, se rembarqua pour son royaume.

Ici se place, dans l'ordre chronologique, un acte de relation féodale entre *Amanieu V*, et Bernard de Beuville, vicomte de Benauges, Par un accord passé le 8 mars 1244. (3) *Amanieu d'Albret*

(1) Champollion-Figeac. *Lettres des rois, reines*, etc. I p. 74. — « Scribitur omnibus suscriptis : Emereo de Buch, viecomiti de Franzak, *Amanew de Lebret*, Arnaldo de Gyraud, Petro de Burdegala, justiciario et probis honoribus Vasatensibus, Vi ecomiti Tartareasi, Vi ecomiti Abortenceasi, etc. — Omnes isti summoniti sunt qu d sint apud Silvam, die dominica in festo Sancti And. ce—Postea mandatum erat omnibus subscriptis quod sint apud Silvam, die Jovis in crastino Cinerum, cum equis et armis, etc. »

(2, Ibid. « Mandatum est omnibus baroribus et militibus quorum nomina prescripta sint quod sint apud Burdegalam die lune proxima post festum Sancti Jacobi apostoli ad tractandum cum rege de negotiis que rex eis exponet. Teste rege apud Burdegalam XV die j III — *Amanew de Lebret*. » Remarquons qu'Amanieu ne se trouve pas nomme dans le mandement du 31 mars 1243.

(3) *Arch. des B.-Pyr.* E. 18. « Conoguda causa sia a toz aqredz qui acestes lotras veyran ti audiran que cum discordia sie e qi erelha entre n'Amareu de Lebret, d'una part, e d'en Bernard de Beuvila, vescomte de Vedaumes, d'autra part, sobre asso que Bernard de Beuvila demandeva a n'Amareu de Lebret que de lui deve..... e deu estre sos cavoirs e sos hom per so que lo linatges... ... e tengut deu linatge au medis Bernard en Serres e cum per aquera demanda fossan estudas guerras e traballies entre ez, a la pe fin per lur bona volantat e per l'arbirre en P. Calhau, en aquet temps maior de Bordeu, locau de cada part establiran e autreian arbit e e disador e terminador de la demanda davantdeita s'acorden entre ez l'avandeit n'Amareu de Lebret e en Bernard de Beuvila en cesta forma, so es assaber que l'avant deit

se reconnaît vassal du vicomte de Benauges pour la terre de Sarnes (1) et de son côté le vicomte fait hommage à *Amanieu* pour la terre de Pissos. (2)

Puis, l'histoire de la maison d'Albret est interrompue par une vaste lacune qui s'étend de 1244 à 1250, date au-delà de laquelle recommence la série continue des documents.

### III

C'est dans cet espace de cinq années qu'il faudrait, suivant nous, placer la mort d'*Amanieu V. L'Art de vérifier les dates* (3), suivi par le P. Anselme (4), se contente d'indiquer qu'*Amanieu* n'existait plus en 1255 et nous donne, sur la vie de ce seigneur, certains détails circonstanciés que nous n'avons pu retrouver ailleurs. D'après les Bénédictins, *Amanieu V* aurait tué par mégarde, dans un tournoi, son voisin et son ami le seigneur de Montberon. De plus, son ancien gouverneur, Guillaume de Lasserre, ayant blessé mortellement, à la chasse, un chambrier d'Henri III, le roi d'Angleterre, sans égards pour le sire d'Albret, aurait fait décapiter l'auteur de ce meurtre involontaire. Enfin, à la même époque et par surcroît d'infortune, *Amanieu* aurait per-

n'Amaneu prengo e denengo hom d'en Bernard de Beuvila de tota la terre e de las autras caussas que lo linatges n'Amaneu ave p.es ni era estatz hom deu Huhatge au medis Be. nard en Sernes, e perque lo medis n'Amaneus ne de..iagos los hom e ac prengos de lui l'avandeit Bernard de Beuvila lo en aquet medis fen los homes e totas las autras caussas que lo medis Bernard ave ni aver deu a Pissons per tau co..vi..ent e ea tau maneyra que l'avant deit n'Amaneus convente e autiele e s'obbligue per sin e per sos hers pi..eas e ave..edurs a l'avant dit Bernard e a sos he.s pro ens e ave..edirs que desi avant per tos temps l'avant dit n'Amaneu sin e pre..dran e deve.i p end.e e seran home e deven estre de Bernard de Beuvila e de sos he.s a caml.hament deu medis Bernard o de sos he.s o de n'Amaneu de Lebret o de sos hers e de tot aquet feu avant dit que ac lo linatges n'Amaneu tengo en Sernes deu linatge Bernard de Beuvila lo feyt daquo de Pissons qui desus es mentagut sos tot contradeyt e sos tota contradiction en tau maneyra que per creyssenssa de terra ni pe.· autra causa n'Amaneu ni sos hers ni deven contradie a Bernard ni a sos hers que deu medis Bernard o de sos hers no p.e ga e no....... es denengen home d'aquo de Sernes qui deytes e d'aquo de Pissons que la cresput en lia seront la forma davant delta. E per testimo latge de vertat l'avandit n'Amaneu de Lebret e en Bernard de Beuvila an feit netre lius sagetz per dentz en cesta carta. Actum anno Domi..i millesimo CCXLIIII, VIII jorns a l'entran de ma.ts (Copie du XIVᵉ siècle sur registre parchemin.)

(1) Sarnes (Gironde,)
(2) Pissos, département des Landes, arrondissement de Mont-de-Marsan.
(3) *L'Art. de vérif. les dat.* II, p. 262.
(4) Le P. Anselme, VI, p. 206.

du sa femme, Assaride de Tertas (1); ainsi que son fils aîné. Tous ces malheurs accumulés le déterminèrent à quitter la Gascogne et à s'exiler en Espagne auprès de Jayme I d'Aragon sous lequel il avait fait ses premières armes. Là, il se battit avec vaillance contre les Maures et épousa, en secondes noces, Isabelle, proche parente du roi espagnol.

Ce récit, fidèlement reproduit et commenté par Montlezun (2) qui admire, dans une phrase émue, « l'organisation tendre et sensible » du seigneur d'Albret, ne nous semble pas tout à fait digne de confiance. Le premier testament d'*Amanieu VI* établit en effet qu'*Amanieu V* contracta un second mariage (3) ; mais les autres détails ne sont confirmés par aucun document. *Amanieu V* n'apparaît nulle part, à notre connaissance, comme signataire des diplômes de Jayme I. D'ailleurs les seigneurs d'Albret n'abandonnaient pas facilement leur patrimoine, surtout pour une raison de « sensibilité » ; en général ils n'aimaient pas à rester longtemps éloignés de la ville de Casteljaloux qui possédait les tombeaux de leurs aïeux (4). Ensuite les Bénédictins ne donnent ni la date ni la durée de cet exil au-delà des Pyrénées. Notons enfin que le testament d'*Amanieu V* ne se trouve pas aux Archives des Basses-Pyrénées où la collection continue des actes de la famille d'Albret, abstraction faite d'un très petit nombre d'hommages ou d'afflèvements, commence seulement en 1262 (5). Si les auteurs de l'*Art de vérifier les dates* l'avaient connu, ils auraient certainement cité avec la date de l'année, celle du mois et du jour. Il est donc permis de croire, et tel est notre avis, que les Bénédictins ont emprunté les détails légèrement romanesques de leur récit, non à un monument original et authentique, mais à cette même généalogie manuscrite du XIV° siècle qu'ils ont déjà mise à profit.

(1) Oihénart, *Not. utriusq. Vasc.* p. 473 « Arnaldus Raimundi annis 1194, 96 et 1204 ; hujus filiam fuisse leur Assalidam, *Amanevi* Lebrecensis dynastæ uxorem.» Cf. Favyn. *Histoire de Navarre*, p. 605. Il fixe, d'après on ne sait quelle autorité, le mariage d'*Amanieu V* et d'Assaride à l'année 1208. Voir plus bas les deux testaments d'*Amanieu VI*, où il mentionne sa mère, Assaride de Tartas.

(2) Montlezun, II, p. 341.

(3) *Arch. histor. de la Gir.* III, p. 151.

(4) Tous les seigneurs d'Alb et recommandent expressément dans leur testament qu'on porte leur corps à l'église des Frères-Mineurs de Casteljaloux. C'était leur Saint-Denis.

(5) *Arch. des B. Pyr.* E 17.

S'il en est ainsi, quelles données certaines l'histoire peut-elle substituer à l'affirmation vague et entourée de circonstances suspectes que présente l'*Art de vérifier les dates?* Question difficile à résoudre avec précision : car les premiers seigneurs d'Albret portant tous le nom d'*Amanieu* et les renseignements fournis par les chartes se bornant souvent à un nom, rien n'est plus malaisé que de distinguer les actes du père de ceux du fils. Cependant deux indices assez sûrs nous permettent d'affirmer que la mort d'*Amanieu V* et l'avènement d'*Amanieu VI* doivent être reportés au-delà de 1252 et très probablement en 1250.

1° Rien, dans les chartes, n'indique l'existence de ce fils aîné d'*Amanieu V* qui serait mort en même temps que sa mère Assaride. *Amanieu VI*, faisant son dernier testament en 1270, ne mentionne que son frère cadet, Bérart d'Albret, déjà mort à cette époque (1). Or, Bérart est nommé dans un acte de 1252 que nous analyserons plus bas et où il est représenté en butte aux violences et aux persécutions de son frère *Amanieu, seigneur d'Albret* (2). Il est donc presque certain, si l'on se reporte d'ailleurs aux raisons données plus haut, que Bérart, défunt en 1270, est le même personnage que celui dont l'existence est signalée en 1252. Par conséquent, *Amanieu VI* se trouvait déjà à cette date en possession de la seigneurie d'Albret.

2° En mai 1259, Gaston VII de Béarn réclame à son vassal, *Amanieu VI* d'Albret, les châteaux de Bazas et de Cazenave dont il l'avait investi en qualité de vicomte de Gavardan (3). Il lui rappelle son serment d'hommage et les conventions passées solennellement entre eux au sujet de ces deux forteresses. Nous possédons précisément, sinon l'original de l'hommage qui semble avoir disparu, du moins un procès-verbal de cet acte où se trouvent relatées les conditions et les promesses qu'invoquait Gaston en 1259. L'hommage est daté du 14 août 1250 (4). C'est au moins jusqu'à cette année qu'il faut nécessairement reculer la mort

---

(1) *Arch. des B. Pyr.* E. 17. Ce testament est publié in extenso à la fin de notre notice. « E vuilh que tq eso q'en *Bérart*, mon fraïr qui lo, ordened en vita en son darrer testament per sa anime sia pagad. »

(2) Balasq.e et D. Laurens, *Études histor. sur Bayonne*, II p. 575. Pièces justificatives.

(3) Marca, p. 607. Cf. *Arch. des B Pyr.* E 288.

(4) *Arch. histor. de la Gir.* II, p. 303. Cf Marca, p. 607 et *Arch. des B. Pyr.* E. 507.

d'*Amanieu V*, et par suite l'avènement d'*Amanieu VI*. Mais cet hommage même, renouvelé, comme on sait, à chaque mutation de seigneur, semblerait prouver que nous devons nous arrêter à la date de 1250. Gaston VII, vicomte de Béarn et de Gavardan dès 1229, ne mourra qu'en 1290. C'est donc le nouveau sire d'Albret, *Amanieu VI*, qui, en 1250, fait hommage à Gaston de Béarn des châteaux de Bazas et de Cazenave.

Remarquons que cette solution s'accorde on ne peut mieux avec le manque de documents signalé plus haut pour les années 1244-1250 ; vide naturellement expliqué par la vieillesse, la dernière maladie et la mort d'*Amanieu V*. D'ailleurs, elle n'est pas en contradiction avec d'autres circonstances de la vie d'*Amanieu VI* que nous révèleront ses deux testaments. Pour toutes ces raisons, nous pensons qu'il convient de commencer en 1250 notre notice sur *Amanieu VI*.

Au moment où il succédait à son père dans la seigneurie d'Albret, l'évènement capital de la France du sud-ouest était le soulèvement des barons aquitains contre la domination des Plantagenets (1). Depuis longtemps déjà la turbulence des seigneurs des Landes et des Pyrénées et, peut-être aussi, la tyrannie des sénéchaux anglais avaient jeté le désordre dans ce duché de Guyenne, si cher à l'Angleterre, et si bien placé pour atteindre une haute prospérité commerciale. Un parti d'opposition violente s'était formé parmi la noblesse et jusqu'au sein des villes, où les deux factions, anglaise et gasconne, s'égorgeaient dans les rues (2). Tous les efforts d'Henri III pour rétablir l'ordre étaient restés infructueux. On espéra que l'autorité de Simon de Leicester, fils du fameux Simon de Montfort et beau-frère du roi, calmerait les mécontentements et ferait rentrer dans le devoir la noblesse et la bourgeoisie mutinées. Le nouveau sénéchal (1248) montra en effet une grande fermeté ; punit sévèrement, quand il ne put les prévenir, les violences et les excès commis tous les jours par les seigneurs ; resserra les liens féodaux qui unissaient le baronnage gascon à la royauté anglaise et contint les

----

(1) Cette intéressante partie de l'histoire de la Gascogne est traitée clairement et avec une remarquable exactitude de détails dans les *Etudes sur Bayonne*, II, pp. 55-221.

(2) *Etudes sur Bay.* p. 103.

nobles en s'assurant de leurs châteaux, gages d'obéissance et de
fidélité envers le suzerain.

Mais cette tranquillité ne faisait pas le compte de l'inquiète Gascogne : elle se souleva en 1249 et en 1250 contre Simon de Montfort
qu'elle accusa auprès d'Henri III de cruauté et de tyrannie (1). Le
vicomte de Béarn, Gaston VII, seigneur ambitieux, cupide et
remuant, se fit l'âme et le chef de cette insurrection. Bientôt, de
la Garonne aux Pyrénées, tout fut en feu. La féodalité landaise se
trouvait prise entre les deux foyers principaux de la révolte : au
nord, les villes riches et commerçantes de la Garonne, Bazas, La
Réole, Saint-Macaire, Langon, etc ; au midi, les vicomtes de Béarn
et de Sault-de-Navailles, ennemis acharnés des Anglais. La famille
d'Albret dut, comme ses voisines, entrer dans la ligue gasconne
et eut probablement à souffrir du passage de Simon de Leicester
à travers les Landes, au commencement de l'année 1250 (2).
Lorsque Gaston de Béarn, battu et envoyé en Angleterre par le
sénéchal, revint en Gascogne avec le pardon d'Henri III, le nouveau sire d'Albret, *Amanieu VI*, vassal du Béarnais pour ses
possessions de Gavardan, lui fit hommage (3) du château de Bazas
et de celui de Cazenave, situé à trois lieues de Langon (14 août 1250)
Il se trouvait alors à Rimbey (4), près de Gavarret, en compagnie
de Guilhem-Feriol (5), de Séguin d'Astan, (6) de Guilhem-Arnaud
de Tantalon (7), de Fortaner de Cazenave (8) et de plusieurs autres
barons. Le seigneur d'Albret se reconnaissait le *chevalier* et
l'*homme* de Gaston VII, donnait une lance d'*esporle* et n'était tenu
de remettre les deux châteaux aux mains du suzerain qu'une seule

(1) *Études sur Bay.* p. 103-112.
(2) Ibid. p. 112.
(3) Nous avons dit que l'original de cet hommage avait disparu. Les *Arch. des
B.-Pyr.* E 507 en possèdent un procès-verbal qui a été assez inexactement copié
par Dont et publié d'après cette copie, dans les *Archives de la Gironde*
II p. 303. Marca, p. 637, analyse l'hommage, mais n'en donne, on note, qu'un
extrait.
(4) Rymbey (Landes), arr. de Mont-de-Marsan, canton de Gavarret.
(5) Sur Guilhem-Feriol, voir *Notice d'un manuscrit de la bibliothèque de
Wolfenbüttel* par Martial et J les Delpit, p. 146.
(6) Sur Seguin d'Astan ou mieux d'Escan, voir *Notice sur le ms. de Wolf.*
p. 51.
(7) La famille de Tantalon était une des plus connues de Bazas (voir *Gall.
Christ.* édit. de 1870. I. p. 1198 et *Arch. de la Gir.* X, p. 101.
(8) Fortaner de Cazenave joua un certain rôle dans l'histoire de la Gascogne.
(*Arch. de la Gir.* III, p. 16). En mai 1270 il remplissait les fonctions de
sénéchal.

fois dans toute sa vie. Cette condition, peu onéreuse, montre combien était léger le lien de vassalité qui soumettait l'Albret au Béarn. L'intérêt, le ressentiment contre Leicester qui, comme on va le voir, s'était opposé à certains actes injustes du sire d'Albret, peut-être même l'impossibilité de garder la neutralité, poussèrent surtout *Amanieu VI* dans le parti des révoltés et de Gaston VII.

Il est à croire qu'il en fut puni, en 1251, lorsque le comte de Montfort traversa une seconde fois les Landes pour aller réduire la féodalité du Béarn et du pays Basque (1). Aussi s'empressa-t-il de joindre ses plaintes et ses réclamations aux interminables griefs que l'archevêque de Bordeaux et les autres députés de la Gascogne firent valoir auprès d'Henri III en 1252 (2). On sait que le comte Simon se rendit à Londres pour se défendre contre ses ennemis. Ceux-ci l'accusèrent avec une violence extrême en présence du roi; le sénéchal fit alors rédiger un mémoire justificatif (3) qui, heureusement, nous est parvenu et dans lequel il réfute, article par article, les allégations de ses adversaires. Une partie de cette apologie répond aux doléances d'*Amanieu* d'Albret. Elles étaient, en somme, peu graves pour le comte de Montfort et, autant que nous pouvons en juger, assez peu fondées.

Il paraît que le sénéchal avait mis la main sur le château de la *Grotte* (4), situé dans les Landes, non loin de Labrit. *Amanieu VI* se prétendit lésé et Leicester voulut bien s'en remettre, pour terminer la contestation, à l'arbitrage de l'évêque de Bazas et de Pierre Calhau, (5) maire de Bordeaux. Une fois l'enquête ouverte, *Amanieu* ne réclama plus rien ; « preuve », dit le mémoire, « qu'il n'était pas bien sûr de la bonté de sa cause ».

Le second grief du sire d'Albret contre le gouverneur de la Gascogne nous reporte à un évènement plus considérable, qui agitait, depuis six ans, toute la féodalité de l'Armagnac. Ber-

(1) *Etudes sur Bay.* p. 112-122.
(2) Ibid. p. 129.
(3) Ibid. p. 575. Pièces justificatives. Ce mémoire, écrit en français, est un document des plus précieux pour l'histoire de la Gascogne à cette époque. La partie qui intéresse la maison d'Albret (p. 579) est intitulée : « Ce sont les responsez az pleintes monseigneur Amaneu de Lebret. »
(4) La Grotte, Landes, arr. de Mont-de-Marsan, canton de Sabres, commune de Trensacq.
(5) Pierre Calhau, que nous avons déjà vu intervenir comme arbitre entre Amanieu V et Bernard de Beaville, appartenait à une des plus riches familles de Bordeaux. Voir *Notice sur le ms. de Wolf.* p. 72.

nard V, comte d'Armagnac, était mort en 1245, sans postérité. Sa sœur, Maskarose I, femme d'Arnaud Otton, vicomte de Lomagne, se vit disputer l'héritage fraternel par Géraud, vicomte de Fézensaguet, petit fils du comte d'Armagnac, Bernard IV. Une guerre, qui devait être longue et sanglante, s'ensuivit entre les vicomtes de Lomagne et de Fézensaguet (1). Au début, Géraud, encore mineur, fut représenté et soutenu par sa mère, Pincelle, fille *d'Amanieu IV* d'Albret, et par conséquent tante *d'Amanieu VI*. Bientôt cette querelle de succession s'agrandit et devint un des épisodes de la lutte séculaire des ducs de Guyenne et des comtes de Toulouse. En 1249, Maskarose II mourut ; sa fille unique, Maskarose II, lui succéda dans les comtés d'Armagnac et de Fézensac. La même année, le comté de Toulouse tombait, par la mort de Raymond VII, entre les mains du frère de saint Louis, Alphonse. On comprend que Simon de Leicester, pour faire opposition au roi de France, s'empressa de prendre part à la guerre d'Armagnac. Il maria Maskarose II, à son petit neveu Esquivat de Chabannes et, au nom du roi d'Angleterre, reçut l'hommage de la comtesse. Géraud, ne relâchant rien de ses prétentions, continua les hostilités, jusqu'au moment où la médiation *d'Amanieu VI* amena une trève entre les deux partis (2). C'est cette paix temporaire que, suivant le sire d'Albret, Simon de Leicester n'aurait pas observée. Mais le comte répond que les clauses de ce traité sont inscrites dans les chartes; que s'il a fait quelque chose contre les conventions, ce qu'il ne croit pas, on ne l'a jamais requis d'en faire droit ; qu'autrement, il se fut exécuté de bonne grâce.

Une autre plainte *d'Amanieu VI* nous paraît encore plus dénuée de fondement. Comme on le verra plus bas à propos d'une lettre du roi d'Angleterre, le sire d'Albret, avec ce manque de scrupules qui caractérise le moyen-âge, voulait frustrer son frère cadet, Bérart, de sa part de l'héritage paternel. De là, une guerre entre les deux frères. *Amanieu* reproche au comte Simon d'avoir empêché Bérart d'accepter la paix qui lui était offerte. Mais le sénéchal réfute ce grief en rétablissant la vérité des faits. Hélie Rudel, seigneur de Bergerac, qui avait épousé sans doute

_______

(1) Sur la guerre d'Armagnac, voir l'*Art. de vérif. les dat.* II, p. 174.
(2) *Etudes sur Bay.* p. 575. « De li peis qui fut feite entie le comte et Géraut d'Armainnach par sire Amaneu, etc. »

une sœur d'Amanieu V, vint trouver un jour Leicester et au nom
de Bérart, son neveu, se plaignit du sire d'Albret, priant le
comte de faire droit à l'opprimé. « Le comte répondit que si
ferait-il volontiers ; puis dit messire Hélie-Rudel que messire
*Amanieu* voulait faire paix à son frère. Le comte demanda : quelle
paix ? — Mauvaise, dit messire Hélie-Rudel. » Leicester fut d'avis
que Bérart ne la reçut pas, s'il croyait être dans son droit, et
déclara qu'il lui ferait bien rendre justice. Les évènements l'en
empêchèrent, et le seigneur d'Albret réussit à détenir encore
pendant plusieurs années un bien qui ne lui appartenait pas.

Là ne se bornaient pas les réclamations plus ou moins justes
d'*Amanieu VI*. Il se plaignait que Leicester se fut emparé du
château de Fronsac. Le comte répond qu'il n'a jamais tenu ce
château de la main du sire d'Albret ; que, si le roi veut savoir
comment Fronsac est en sa possession et pourquoi il le garde, il le
lui dira volontiers ; mais que le seigneur Amanieu n'a rien à voir
en cette affaire.

Dans l'été de 1252, lorsque Henri III avait envoyé en Gascogne
Nicolas de Molis et Drogon de Barentin, chargés d'ouvrir une
enquête sur la conduite du comte (1), *Amanieu*, se trouvant à
Dazas, avait traité avec les commissaires pour lui et pour Gaston
de Béarn. Le mémoire de Leicester fait allusion à cette paix, mais
il ajoute que le seigneur d'Albret et son allié, au mépris de la
foi jurée, refusèrent d'en observer les conditions (2).

Enfin, aux plaintes d'un autre baron gascon, Arnaud de Blanquefort (3) qui accusait le sénéchal de lui avoir injustement ravi
le château de Bourg, Leicester répond que ce même Arnaud lui a,
de son plein gré, livré la forteresse en question et que cet accord
a fait l'objet d'une charte revêtue du sceau de la commune de
Bordeaux et de celui d'Amanieu d'Albret.

Tels sont les faits que nous apprend, touchant *Amanieu VI*, le
mémoire justificatif du sénéchal anglais. On sait que les doléances
du sire d'Albret et de ses compatriotes n'eurent pas de résultat

(1) *Etudes sur Bay*, p. 120.
(2) Ibid. p. 575.
(3) Blanquefort, Gironde, arr. de Bordeaux. Arnaud de Blanquefort avait eu
déjà à lutter contre le sénéchal Henri de Trubleville. Les droits de la famille de
Blanquefort sur le château de Bourg sont rappelés dans un acte de 1214 passé
entre Jean-sans-Terre et Pierre de Bordeaux. *Arch de la Gir.* IV, p. 12.

immédiat (1). Renvoyé en Gascogne, Simon de Leicester lutta avec la même énergie qu'auparavant contre tous ceux qui voulaient se soustraire à la domination d'Henri III, jusqu'au jour où le faible et pusillanime roi d'Angleterre crut assurer la tranquillité de son duché en révoquant les pouvoirs de son beau-frère, pour y substituer la souveraineté directe de son fils aîné, le prince Edouard (décembre 1252). Deux mois auparavant le nom d'*Amanieu VI* apparaissait (2), dans les négociations matrimoniales des cours de Béarn et de Foix. Il garantissait, avec Raimond de Béarn et Arnaud-Bernard de Lados (3), le contrat de mariage de Roger-Bernard, fils de Roger IV, comte de Foix, et de Marguerite, fille de Gaston VII. L'acte fut signé à Layrac (4), le 3 octobre 1252. Il préparait la réunion prochaine des domaines de Béarn et de Foix au profit de cette dernière maison.

Au commencement de l'année 1253, un nouveau soulèvement de la Gascogne venait rendre inutiles les actes vigoureux de Simon de Leicester et la honteuse faiblesse d'Henri III (5). Le turbulent Gaston VII se mettait de nouveau à la tête du mouvement; mais cette fois, pour légitimer l'insurrection, il avait engagé le roi de Castille, Alphonse X, à faire valoir de prétendus droits sur le duché de Gascogne. Tous les mécontents s'empressèrent d'adopter la suzeraineté du monarque espagnol; la révolte prit bientôt de formidables proportions et le sire d'Albret placé, comme nous l'avons montré, entre deux feux, fut contraint de participer à la prise d'armes. Henri III, effrayé, montra plus d'énergie que de coutume. Il débarque, en juin 1253, à Bordeaux, court assiéger Bergerac, emporte Meilhan, Saint-Macaire, Langon et concentre tous ses efforts sur La Réole et sur Bazas (octobre). C'est sans doute pendant le siége de cette dernière place qu'*Amanieu VI*, craignant de se voir complètement ruiné et dépouillé, abandonna ses alliés et fit sa soumission. Dans sa lettre de pardon (6), le roi lui

---

(1) *Etudes sur Bay.* p. 132.
(2) Le P. Anselme att ibue ce fait à Amanieu V et ne donne pas la date de l'acte de mariage. Cf. *Arch. des B. Pyr.* E. 397 « Nobiles viros *Amanevum de Lubreto*, Ramundum de Bearno et Arnaldum Bernardi de L. dos, q'os fidejussores supra nominati p emittimus rebis etc. » et, plus bas, dans l'enumération des témoins, « *Amanevum de Lubreto*, Geraldam d'Armanhac, Rogerlum de Mirapeiss etc. »
(3) Famille de Bazas.
(4) Layrac, Haute-Garonne, arr. de Toulouse, canton de Villemur.
(5) *Etudes sur Bay.* p. 136.
(6) *Lettres des rois, reines*, etc. I, p. 74.

promet de le défendre comme son homme lige et de l'indemniser
des dommages qu'il pourrait souffrir de la part de Gaston de Béarn
(octobre 1253). Le sire d'Albret avait été bien inspiré en se déga-
geant de la ligue, car le succès favorisa partout les Anglais. Bazas
capitula le 6 décembre : l'excommunication fut lancée contre
Gaston de Béarn et ses adhérents et, à la fin de février 1254, Gaston
était obligé de signer une trêve que prolongea bientôt un traité
conclu entre l'Angleterre et la Castille.

Henri III, délivré d'inquiétude, profita de l'été de 1254 pour
aller rendre visite à saint Louis et c'est de retour à Bazas au mois
de décembre de la même année qu'il acheva de récompenser la
défection du sire d'Albret en le garantissant contre les réclamations de son frère Bérart.

« Nous promettons à *Amanieu* d'Albret, qui est venu à notre
paix, que pendant un laps de cinq années, à partir d'aujourd'hui,
nous ne le contraindrons pas à faire raison à son frère Bérart de
la part qui lui revient sur l'héritage paternel. Si ledit Bérard, ce
temps écoulé, veut revendiquer son patrimoine, nous ferons as-
signer au même *Amanieu* la valeur du château et de la châtellenie
de Villano et, dans le cas où il exigerait davantage, il attendra,
là-dessus, notre bonne miséricorde » (1).

Si le roi d'Angleterre reconnaissait les services d'*Amanieu* en
sanctionnant une injustice aussi évidente, on conçoit que le roi de
Castille et le vicomte de Béarn devaient pardonner difficilement
au sire d'Albret sa trahison envers la cause commune. Ainsi s'ex-
pliquerait la lettre du 3 décembre 1254 dans laquelle Alphonse X
donne pouvoir à Gaston de Béarn de délier de l'hommage et serment de fidélité tous les seigneurs de Gascogne (2) à la réserve
du vicomte de Tartas et d'*Amanieu* d'Albret.

Une lettre d'Henri III, écrite le 4 du même mois, vient à l'appui
de cette conjecture (3). Le roi d'Angleterre s'oblige à restituer
à *Amanieu* VI les châteaux de Casteljaloux et de Cazenave que
celui-ci lui avait livrés : « Si le roi de Castille, ajoute-t-il, veut
nuire au seigneur d'Albret ou à la terre qu'il tient de nous, nous
jurons de défendre ledit seigneur et sa terre comme si elle nous

(1) *Arch. histor. de la Gir.* VI, p. 163. Lettre du 1<sup>er</sup> décembre 1254.
(2) Ibid. Notes.
(3) *Arch. histor. de la Gir.* IV, p. 38.

appartenait. » Un passage de cette même lettre est relatif à Bernard de Beuville, vicomte de Bénauges. Peut-être est-ce le m'me personnage qui, en 1244, avait conclu, comme nous l'avons vu, avec *Amanieu V*, un accord concernant les terres de Pissos et de Sarnes. Lors de l'insurrection de 1253, Bernard de Beuville s'était montré un des ennemis les plus acharnés des Anglais (1), aussi avait-il été compris dans l'excommunication prononcée par le doyen de Saint-André contre Gaston de Béarn. Il paraît qu'il s'en vengea sur le seigneur d'Albret, son voisin, et qu'il parvint même à s'emparer du fils d'*Amanieu VI*, Bernard Ezi. Henri III promet à *Amanieu* (2) de ne pas comprendre Bernard de Beuville dans l'amnistie générale, accordée en mai 1254 aux seigneurs de Gascogne, tant que celui-ci n'aura pas restitué le fils du sire d'Albret, « s'il est encore vivant, » restriction nécessaire et qui peint l'époque.

Suivant la promesse du roi d'Angleterre, *Amanieu VI* rentra en possession des châteaux que son suzerain avait détenus pendant les hostilités. Mais le droit féodal voulait que ces châteaux fussent rendus au vassal en bon état et que les dommages fussent réparés. Casteljaloux avait beaucoup souffert durant la guerre; *Amanieu* se plaignit et le prévôt de Bazas fut chargé d'une enquête (3). Il se rendit au château avec les prudhommes, les chevaliers et les notaires de Casteljaloux et estima les dommages à 70 marcs (25 octobre 1255.)

Quelques jours plus tôt, *Amanieu* d'Albret achevait de rompre tous les liens qui l'avaient uni à la ligue gasconne. Par un acte collectif du 18 octobre 1255, Gaston de Béarn et le seigneur d'Albret « annulent toutes les conventions, pactes et serments, écrits ou non écrits, passés entre eux jusqu'à ce jour, à l'occasion de la guerre faite en Gascogne contre le seigneur roi d'Angleterre

(1) *Etudes sur Bay.* p. 130 Cf. *Arch. de la Gir.* X, p. 02 : lettre d'Hen. III à l'archevêque de Bordeaux où il s'indigne contre Bernard de Bouville et le vicomte de Fronsac. « Illos manifestos vipsiliores qui abbatiam nostram de Silva majori et viros religiosos ibi degentes deprediati sunt, turpiter tractantes. »

(2) *Arch. histor. de la Gir.* IV, p. 38. « Promitimus etiam eidem *Amunco* quod non admittemus Bernardum de Bovilli ad pacem nostram nisi idem Bernardus prius restituerit eidem *Amenco* filium suum quem dictus Bernardus habet *si vivus fuerit.* »

(3) *Arch. histor. de la Gir.* p. 165-6. « Vidimus illa malefacta que facta fuerunt in castro domini *Amaneni de Labreto.* postquam dictus dominus Amanenus tradit castrum suum illustrissimo regi Anglie. »

ou contre le comte de Leicester. (1) » Le prince Edouard, n'ayant pour le moment plus rien à craindre des Gascons, put revenir en Angleterre où l'appelaient les démêlés bien autrement graves du pouvoir royal et de l'aristocratie dirigée par l'ambitieux Leicester.

De 1255 à 1259, nouvelle disette de documents ; nouvelle interruption dans l'histoire de la maison d'Albret. Un acte (2) du 8 mars 1256 nous apprend qu'Arnaud-Guilhem de Masseilles (3) chevalier, a vendu au noble baron *Amanieu* d'Albret, au prix de 12 livres bordelaises, la seigneurie de La Lanère, localité située dans la paroisse de Saint-Martin de Balizac (4). Les témoins de l'acte étaient : Arnaud Raymond Gassie de Cescars (5), Savari de Lu-

(1) *Notice sur le ms. de Wolf.* p. 147.

(2) *Arch. des B.-Pyr.* E. 210.

« Conaguda cauza sia En Ar. W. de Masselhas, savoir, filh d'en Galhard de Massclhas, qui fo, a vendud e gurpid e quitad e desemparad pe sin e per totz sos les e per totz los sos presentz e avenedurs pe. a e e per totz temps ad nobla baron Namanin de Labrid e a sos hers e a son ordeeh e a son comandance et tot lo homiadge e espo.tladge e les dreituras qu en Ar. W. de Masselhas avant dit ave re aver deve ne entre e aver al log ape ad de la Lanera. Lo qual es en la parropia de Sent Martin de Bali ag : per XII libras de Bo del quel ditz Ar. W. reconogo que ave a udas e receubud.s de lui en bos deneis contadz de mareira que ed sen tengo per be pagadz del tot. Ey renuncied expressament a la exception de no coniad et de no pagad e de ro recebhud aver. Deis quals honres e de les quals dreituris lo meehis Ar. W. reconogo e confesse En Amanin de Bailhag eg tere de lui en ere sos cavols e sos hom, e len faze homidge e so es assaher urs gants d'esporlla que len ave pagad e feit lo homidge. E sos pahr eg ave leit sa emehr segont quel ditz Na. Ar. W. reconogo quel meehis Namanin de Baling deve tieir XII s. de marl. dels homes. E si de que ersis ma traie nen faze tieir lo ditz Ar. W los en deve emparar de totz henes. E per los) Il sols avant ditz los henes de la Lanera deven tier e tien totas las teres del ditz log coltas e no coltas, boses e boscadges, padz e padairas, molins e moliars e aires quitament del meehis Namanin de Bailag. El ditz Namanin den Ar. W de Masselhas segont quel meehis Na Ar. W. reconogo. De laqual cauza vendida e gurpida e quitade lo ditz Na Ar. W. la mandad e promes e autreiad portar bona e fe ma de totz emparedos qui si empressan re si comhesse per fons d'alo ne per nulha ate que en onte aquesta cauza o en aleuna de les cauzas contengudas en aquesta carta en toi o en partida fos o podos estre dita re e tendud.s E per far tenir e complir ferm e estable cum desoher es ditz, lo ditz Na Ar. W. a jurad soher la crudz dels sants Evangelis Deu tocadz corporalment que ea contre les cauzas contengudas en aquesta carta en tot o en partida ne vendra ne verir no fera per si ne per alue persona en cort de gleyza re e seglar re en egun log. Il Jus rel sunt testes : Na R. Gachies de Cescars, En Savarig de Lostahan, cavoirs R. Marques lomassip. G. del God. Actum VIII die introitus marcii anno dom. ni M CC L VI°. Regnante Henrico rege Anglorum. Raimundo episcopo Vasatensi. P. de Lur, tabelhon e Castaigelo. Ii, qui scripsit de partium volantate. »

(3) Masseilles, Giro de, arr. de Bazas. Sur la famille de Masseilles, voir *Arch. de la Gir.* II, p. 315 et 321.

(4) Balizac, Gironde, arr. de Bazas.

(5) Nom qui revient fréquemment dans les actes de la famille d'Albret. Cf. *Arch. de la Gir.* III, p. 7.

Signan (1), Raymond Marquis (2) et Guilhem de God (3). Quatre ans plus tard, l'avant dernier de ces témoins faisait hommage à *Amanieu VI* pour la terre d'Aillas (4).

Dans cet intervalle, le repos de la Gascogne et la domination du roi d'Angleterre faillirent être encore une fois sérieusement compromis par la turbulence de Gaston VII, qui avait recommencé ses intrigues avec le roi de Castille (5). Aux termes de son traité avec les Anglais, le vicomte de Béarn devait remettre au prince Edouard le château de Sault, propriété de Gassie-Arnaud de Navailles, son vassal. Au moment où le commissaire du duc de Gascogne arrivait pour en prendre possession, le maire de Sault, soit par haine des Anglais, soit par un accord secret avec Gaston, refusa énergiquement de livrer la forteresse, sur laquelle il avait mis la main. Les Anglais menacèrent et le Béarnais se vit contraint de faire la guerre aux habitants de Sault. Il se trouvait alors, au mois de mai 1259, à Bazas, sans doute pour y renouer des intelligences avec les seigneurs gascons et préparer une nouvelle prise d'armes. C'est de là qu'il écrivit à *Amanieu* d'Albret, son vassal dans le Gavardan, lui réclamant assistance contre les gens de Sault et exigeant, suivant les clauses de l'acte de 1250, que le château de Cazenave lui fut livré: « Nous vous requérons, dit-il, par la seigneurie que nous avons sur vous et par le serment que vous nous avez fait et par les conventions qui sont entre nous et vous, que vous nous rendiez le château de Cazenave, que vous tenez de nous, le dimanche après la fête de l'Ascension. » (6)

Nous ignorons jusqu'à quel point le seigneur d'Albret s'empressa de répondre à cet appel. Plus d'une fois encore, nous verrons son nom mentionné dans les actes relatifs au château de Sault.

(1) Nommé dans les *Arch. histor. de la Gir.* II, p. 123. « Savarici de Losinhano, militis. »

(2) Les Marquis ou Marqués étaient des bourgeois de Bazas. Le 27 novembre de la même année, Raimond Marquis garantit un acte d'Arnaud de Ladils. (*Arch. de la Gir.* III, p. 7). Son fils Raimond Guillem, receveur de l'Agenais pour Edouard 1er, nous est connu par une lettre du 26 mai 1289 (Ibid. X, p. 98) que lui adresse le roi d'Angleterre.

(3) Famille bien connue du Bordelais. Plusieurs de ses membres souscrivent le second testament d'Amanieu VI, comme on le verra plus bas.

(4) *Arch. des B.-Pyr.* E. 118. Ce n'est qu'un *vidimus* de l'hommage et rédigé en si mauvais état, qu'il ne vaut pas la peine d'être publié.

(5) *Etudes sur Bay.* p. 180.

(6) Marca, p. 607. Cf. *Arch. des B.-Pyr.* E. 288.

En 1260, l'attention d'*Amanieu VI* se portait d'un autre côté. Des difficultés s'étaient élevées entre Simon de Leicester et son ancien protégé, Esquivat de Chabannes, comte de Bigorre. Tous deux concluent, le 2 octobre, une trêve, dont furent témoins Guilhem, évêque de Lectoure, Compaing, évêque d'Oloron, et plusieurs autres seigneurs. Les parties choisirent, pour arbitres, les évêques de Lectoure et de Lescar et *Amanieu* d'Albret (1).

En 1261, le prince anglais, Edouard, fit une nouvelle visite à son duché de Gascogne : il était de retour à Bordeaux, dès le mois d'août (2). La féodalité gasconne accourut naturellement près de son suzerain. C'est alors qu'*Amanieu VI*, profitant de son séjour à Bordeaux, conclut un échange de domaines avec le prince.

Par acte (3) du 15 décembre 1261, le sire d'Albret cédait à Edouard tous ses droits sur le château de Meilhan, place forte qui commandait la Garonne et dont la possession était des plus précieuses pour les Anglais. Il recevait en retour certains domaines, qui avaient appartenu à Pierre Mota (4) ou qui avaient été donnés, en gage, à un citoyen de Bordeaux, Galhard Colomb (5), domaines situés presque tous dans les environs de Bazas, à Hostens (6), à Landiras (7), à Langon, à Roquetaillade, (8) à Clar. On verra plus bas qu'il ne les conserva pas longtemps.

Peut-être passa-t-il l'hiver à Bordeaux, où le retenait, sans doute, l'hospitalité de son beau-père, Pierre de Bordeaux, un de ces riches et puissants bourgeois bordelais qui marchaient de pair avec les plus illustres seigneurs (9). Nous le retrouvons, en effet, au mois de mars de l'année suivante, garantissant un acte par

(1) Pour la guerre d'Esquivat de Bigorre et de Simon de Leicester, voir les *Essais historiques sur le Bigorre* de d'Avezac, II p. 24.

(2) *Études sur Bay.* p. 184.

(3) *Arch. histor. de la Gir.* VI, p. 167. Daté de Bordeaux. Les témoins sont : Amaubi de Bucs, Pierre de Bordeaux, Gérard de Valery, Raimond Marqués etc. Le P. Anselme se trompe quand il place cette charte en 1272.

(4) Il y avait une famille de ce nom à Bazas (*Arch. de la Gir.* X, p. 103 et VII p. 150.)

(5) La famille des Colomb tenait, avec celles des Soler et des Calhau, le premier rang dans l'aristocratie commerçante de Bordeaux. Cf. *Notice sur le ms. de Wolf.* p. 72.

(6) Hostens, Gironde, arr. de Bazas.

(7) Landiras, Gironde, arr. de Bordeaux. En 1285, Galhard de Mota était seigneur de Landiras (*Arch. de la Gir.* VII, p. 150).

(8) Roquetaillade, Gironde, arr. de Bazas.

(9) Sur Pierre de Bordeaux et ses ancêtres voir *Notice sur le ms. de Wolf.* p. 72 et *Arch. de la Gir.* III, p. 4, 7, 100 et IV, p. 12.

lequel Marie-Bertrand de Lados et son mari Garcie-Arnaud de Navailles promettaient au roi d'Angleterre d'abattre le donjon du château de Sault, vendu par eux au prince Edouard et reçu de lui ensuite à titre de fief (1). D'autres garanties accompagnaient la sienne : celle de son beau-père, *le noble baron de Bordeaux*, et de ses voisins, Anassans de Caumont, seigneur de Sainte-Bazeille (2) Amaubin de Bares (3), etc. Au mois d'avril, le sire d'Albret remplissait son devoir de vassal en siégeant à la *cour* de Gascogne, assemblée dans le préau de l'archevêché de Bordeaux, à côté de Pierre de Bordeaux, de l'évêque de Bazas et de Jean de Lalande, sénéchal du Limousin. Il s'agissait du procès de Marguerite de Turenne, femme de Régnauld de Pons, avec le roi d'Angleterre, à propos des fiefs de Gensac et de Bergerac, dont le tenancier avait, disait-on, refusé l'hommage. Marguerite de Turenne, son mari et le roi d'Angleterre, comparurent par procureurs devant ce tribunal (4).

C'est de retour dans l'Albret, en juillet 1262, qu'*Amanieu VI*, sans être sous le coup d'une maladie et voulant prévoir simplement « les cas d'aventure auxquels l'humaine nature est sujette », fit rédiger son premier testament (5). Les documents de cette espèce méritent toujours d'être examinés avec attention : car ils révèlent à l'érudit nombre de particularités précieuses à recueillir soit pour l'histoire d'un personnage ou d'une maison, soit pour la connaissance des mœurs et des coutumes du Moyen-Age. Dans ce testament, daté du 25 juillet 1262, le sire d'Albret nomme les principaux membres de sa famille : son père, Amanieu V et sa mère, Assaride de Tartas, défunts tous deux ; sa femme, Mathe de Bordeaux ; son beau-père, Pierre de Bordeaux ; son fils, Bernard-Ezi, qui n'a pas encore 18 ans : nous l'avons déjà vu mentionné dans un acte de 1254 ; sa fille, Assaride, probablement toute jeune encore. Il parle aussi de sa « marastre », seconde femme d'Amanieu V, mais sans la nommer.

<br>

(1) *Arch. histor. de la Gir.* III p. 10.
(2) Souscrit fréquemment les chartes d'Albret (Voir plus bas les testaments d'Amanieu VI).
(3) Même observation pour Amaubin de Bares.
(4) *Notice sur le ms. de Wolf.* p. 133.
(5) *L'art de vérif. les dat.* II p. 262. Cf. le P. Anselme, VI, p. 106. Ce document, daté du 25 juillet 1262, a été publié dans les *Arch. histor. de la Gir.* III p. 131, mais d'après la copie défectueuse de Doat.

Les premières et les plus longues recommandations du testateur concernent la réparation « des torts et méfaits » dont il s'est rendu coupable. Pour assurer le salut de son âme, au moyen de justes indemnités, il assigne a l'évêque d'Agen et au gardien des Frères-Mineurs de Casteljaloux, ses exécuteurs testamentaires en cet objet : la rente du péage de la route de Nérac ; celle des moulins du même lieu ; celle de la terre de Langon « qu'il a reçue de monseigneur Edouard en échange du château de Meilhan » ; les redevances serviles de La Luque : le tout montant à 4,500 sous Morlaas ; de plus « tout le blé et tout le vin qu'il se trouvera posséder, sauf la quantité de blé et de vin dont Mathe, sa femme, aura besoin elle et sa maison, pour son manger et son boire, pendant un an » ; enfin, une somme, en espèces, de 30000 sous Morlaas.

Sur cet argent, il ordonne qu'on prélève 500 sous « pour marier femmes pauvres et, spécialement, celles qu'il a *despulselades*, si on les trouve. »

Une autre indemnité sera donnée aux églises de sa terre « qu'il a rançonnées ou fait rançonner indûment. »

Les 5000 sous Morlaas que son père lui avait laissés, pour être payés à sa marâtre, et qu'il avait gardés, contrairement à la volonté paternelle, devront être « rendus et payés en vue du salut de son âme. »

Ensuite viennent les dons pieux faits aux églises et aux monastères de l'Albret et du voisinage. Les Frères-Mineurs de Casteljaloux, dont l'église jouit du privilège, qu'elle conservera toujours, de posséder les tombeaux des sires d'Albret, obtiennent naturellement la plus forte part des libéralités d'*Amanieu VI*. Il leur laisse 600 sous Morlas de rente « pour son âme et celles de son père, de sa mère et de tout son lignage. »

Les églises de sa terre recevront chacune deux marcs d'argent dont elles feront faire des calices pour célébrer la messe.

D'autres legs sont mentionnés en faveur de l'évêque d'Agen et de l'évêque de Bazas ; des églises de Bazas, de Casteljaloux, de Belloc (1), d'Uzeste (2), de Préchacq (3), d'Unzos, de Sarnes, du monastère de Font-Guilhem et de la maison des Templiers de

---

(1) Probablement une des localités de ce nom situées dans les Landes.
(2) Uzeste, Gironde, arr. de Bazas.
(3) Préchacq, Gironde, arr. de Bazas.

Corts (1), des hopitaux de Baulat, de Bessal, de Pons (2), de Belin (3), de Barbe, de Camparrian, de Saint-Jacques de Bordeaux; des Frères prêcheurs de Bordeaux et d'Agen, des Frères mineurs de Nérac, des Frères mineurs de Condom, des Frères mineurs du Mas d'Agen, etc.

Après s'être ainsi mis en règle avec sa conscience et avoir pourvu largement à ses intérêts spirituels, le testateur, songeant à sa famille, prend les dispositions suivantes : Outre les provisions en blé et en vin qu'il a réservées pour sa femme, Mathe de Bordeaux, il lui lègue « sa vaisselle d'argent, tous ses anneaux, toutes ses bagues et tous ses autres joyaux » ; de plus, tout ce qu'il lui a donné pour le « *baiser nuptial.* »

Il ordonne que Mathe et son père, Pierre de Bordeaux, aient en leur garde son fils, Bernard-Ezi, et sa fille, Assaride, jusqu'au moment où Bernard atteindra l'âge de 18 ans, avec toute sa terre et toutes ses rentes. A Mathe, il substitue, comme exécuteurs de ses volontés dernières, Pierre de Bordeaux, Gaston de Béarn, et au troisième rang, Geraut d'Armagnac.

Son fils, Bernard-Ezi, hérite de ses terres, rentes, biens meubles et immeubles ; sa fille, Assaride, de 12000 sous Morlàas et d'une rente de 100 livres bordelaises ; cette dernière ne devra pas se marier, ni être mariée, avant qu'elle ait atteint « l'âge matrimonial. » En cas de mort de Bernard-Ezi, il lui substitue, comme légataire universelle, sa sœur Assaride.

Les témoins du testament sont: Frère Vidal de Clarac, Pierre Guilhem de Bares, de l'ordre des Frères-mineurs, Odon de Noaillan (4), chevalier, Bernard d'Arribes, Pierre de Mezin, Raimond Bayle, Guilhem Bayle, Arnaud Nozed.

L'acte est garanti par l'évêque d'Agen, Pierre de Bordeaux, l'abbé de Font-Guilhem, le gardien des Frères-mineurs de Casteljaloux, le gardien des Frères-mineurs de Nérac et le gardien des Frères-mineurs du Mas d'Agen, qui y ont appendu leur sceau à côté de celui du sire d'Albret.

Il est inutile de faire ressortir l'intérêt multiple que présente ce

(1) Sur les Templiers de Corts, voir *Arch. de la Gir.* II. p. 123.
(2) Pons, Lot-et-Garonne, arr. de Villeneuve.
(3) Belin, Gironde, arr. de Bordeaux.
(4) Noaillan, Gironde, arr. de Bazas.

testament ; les mœurs féodales de la Gascogne au XIII⁰ siècle y apparaissent prises sur le vif et comme en action. Notre seul regret, c'est que le sire d'Albret ne se soit pas donné la peine d'énumérer en détail les terres qui composaient ses domaines, comme le feront souvent ses successeurs à partir du XIVᵉ siècle. Le second testament d'*Amanieu VI*, daté de 1270, ne comblera pas cette lacune.

L'intervalle de huit années qui sépare ces deux testaments est mal rempli par de trop rares ou de trop insignifiants documents. Un acte du 15 novembre 1262 a trait à une revendication exercée par *Amanieu |VI* contre les héritiers d'une dame Honor du Parvis, de laquelle il avait acheté certaines rentes et propriétés. Nous nous contentons de publier en note ce texte roman dont l'analyse serait sans utilité aucune pour l'histoire générale (1).

(1) *Arch. des B.-Pyr.* E. 17.

« Conoguda causa sia que cum lo noble bar n'*Amaneu de Labrit* agos comprat e afevat per partide en affevadge e per partide en compra de la dona na Honors del Paravis ab autrej e ab voluntad d'en W. Arn. de Bozelhan son marit, la maitad de totes les eretadz en singhs quels que sian ni esser deian per todz locs qui foren de n'Arman del Paravis frair, qui fo, de la deita dona, exceptad l'estadge quel deitz n'Armans sos frair ave al Paravis laquals estadge es en avantadge de sos nebotz, filh de la dona na Ugua, sa primeira sor qui fo e seror de l'avant deit n'Arman. E l'avant deitz n'Amaneus per arazon de la deita.......... e sa causa demandes a la dona n'Arnauda molheir, qui fo, de l'avant deit n'Arman e molheir d'en Bernard Salamon ensouta la maitad de las eretadz desus avant deites per la maitad de son maridatge so es assaber...... sols de Morlas. E l'avant deita dona n'Arnauda el deitz en Bernard Salamon sos maritz defende......... a dar asolber la deita maitad solament per........ penhs e una solta ne deve ester feita a la perfln per conolchenssa de prodomes so conogud que l'una part ses l'autre nos deve a dar asoubre l'avant deitz n'*Amaneus de Labrit* assolt totes las avant deites eretadz de l'avant deite dona n'Arnauda e de l'avant deit en Bernard son marit de quauscun de lor ab autrej de l'un e de l'altro de tod l'avant deit maridatge que la medissa n'Arnauda jave, so es assaber de M M e C C C C sols de Morlas dels quauls lo medys en Bernard Salamon e la deita n'Arnauda sa molheir reconegoren que l'avant deitz n'*Amaneus de Labrit* los en a ben pagadz cumplidamentz del tod en bons deners cuntadz renonclans expressamentz à la excepcion de no cumptand e de no pagant e de tota bauzie e dengan laqual cumpra quel mediss n'Amaneus a feita de las avant deitas causas l'an dat asolber cum la sua propria cauza e totes las autres cauzas mentagudes mes en poderen possecion e enssadina en aquera medissa maneira cum era propriament n'era ni deve esser ni pode en possecion e enssadina per la maitad de l'avant deit maridatge, so es assaber M CC sols de Morlans e tod asso fot feit en la vista e en la prezencia d'en Galhard e de n'Arnaud Aramon filhs, qui foren, de l'avant deita dona na Ugua e filhs de Constantin de Vilasentud, qui fo. Liquaus Galhardz e Arn. Aramon per lor proprias e delivras e agradables voluntadz an autreiad e confermat ab la tenor de questa prezent carta a l'avant deit n'*Amaneu de Labrit* e asson comandament sober la maitad de totes las causas qui foren de l'avant deit n'Arman e sober l'estadge sober deita que an en avantadge. Laqual maitadz sober deita de totas las avant deitas cauzas era avenguda e escadude a lor e a lor frais e a lor serors filhs e filhes que foren de la deita dona na Ugua per dreita succession de l'avant deit n'Arman,

ǀ L'année suivante, le 15 avril, le prince Edouard d'Angleterre adressait une lettre aux archevêques, évêques, abbés, prieurs, comtes, vicomtes, prévôts, baillis, etc, de son duché de Gascogne, pour leur apprendre qu'il concédait à son amé et féal, *Amanieu* d'Albret, la terre de Maremme, en échange du château de Meilhan et de ses appartenances. Il rappelle que le sire d'Albret a jadis reçu, pour ce même échange, les terres appartenant à Pierre Mota et à Galhard Colomb; mais que, depuis, Amanieu y a renoncé, préférant acquérir le pays de Maremme. Il lui permet de construire dans son nouveau domaine « quelque maison fortifiée où il puisse demeurer en sureté. » L'acte est daté de Salop ou Shrop, nom actuel d'un comté anglais (1). On doit le considérer

lor oncon qui fo, les MCC sols de Mo.lans de sus montagudz e an a re ebat lo mediss n'Amanén en loc e ca po·ssonn de l'avant deita n'Arnauda quals avant deitz M CC sols de Morlans jave per son maridatge en tal maneira que it n'an feit e autrelad todz los fruitz et las issides propriament del mediss n'Amanon e de son ordenh per todz temps sens tot arolenament de tant de temps cum et ri sos o denhs ag tendia.......... pagad e feit son assatz de totz los...... M CC sols de Morlans e l'avant deitz n'*Amaneus de Labrit* per voluntad e por autrej de la deita dona n'Arnauda e de deit en Bernard Salamon son marit a autrelad e promes e mandat e fel....... als avant deitz Galhard e Arn. Aramon que totes ores que l'uns o alquns de lor fraires o de lor serors lo pagien los avant deitz MCC sols de Morlans quet lor arenda tota la medissa maitad de totes las avandeitas cauzas e l'avant deita estatge obligades per los medihs devers. E li avant deitz Galhardz e Arn. Aramon per lor e per los avant deitz frairs e per lor serors an donat e quitad e gurpit e livrad à l'avant deita dona n'Arnauda e à l'avant deit en Bern. Salamon, son marit, e al deit senhor n'*Amaneu de Labrit* per nom de lui totz los fruitz e las arendas lasquals era o altras persones per arazon de lui apres de las avant deitas heretadz del jorn de la mort de l'avant deit n'Arman del Paravis, qui fo, entro al jorn que aquesta carta fo feita per la qual maitad de l'avant deita terra e de las altras causas e per la estadge dz sus deita obligades per los avant deitz M CC sols de Morlas dar a solher als deitz hers de l'avant deita dona na Ugua se son obligad a lor e à lor ordenh. Fid. e fadador e cumplidor en Bertran de Moissac, en Bertran de Pompelac, en Berald del Got, en P. de Preissac cavoir e cascuns es tengudz per lo tod per vita e per mort, Testimonis en Ramon del Miralh, en Arn. Beneir, en Ramon d'Autolen, en Vigoros de Bazadz e Arn. de Labatud e Arn. d'Arbussan qui la carta enquert laqual fortz de moráns escrivo per comandament de luj. Actum.... XVI die introitus novembris, anno Domini M CC LXII. Regnante. Henrico rege Anglorum, R. episcopo Vasatensi. »
(1) *Arch. des B.-Pyr.* E. 188 ;
« Edoardus. illustris Regis Anglie primogenitus, Archiepiscopis; episcopis, abbatibus et prioribus, comitibus, Bayonensibus, vicecomitibus, prepositis ac omnibus baillivis et fidelibus suis salutem. Sciatis nos dedisse et concessisse et hac carta nostra confirmasse dilecto et fideli nostro domino *Ameneno de Lebretto* totam terram nostram de Maresma cum exercitibus, cavaliatis et justiciis et aliis pertinentiis suis habendam et tenendam eidem Ameneno et heredibus suis de nobis et heredibus nostrisin escambium et recompensacionem castri de Millian cum omnibus pertinentiis que idem Amanenus pro se et heredibus suis nobis et heredibus nostris penitus ac perpetuo dimisit et quitavit et pro quibus prius commiseramus et concesseramus eidem omnes possessiones et tenencias que sunt Petri Mota et quod

comme très-avantageux pour la maison d'Albret qui, à la place de propriétés disséminées le long de la Garonne, recevait un territoire attenant à celui de Labrit, noyau primitif et véritable centre de ses possessions. La domination des sires d'Albret s'étend ainsi, sans interruption, depuis Nérac jusqu'à la mer de Gascogne, sur une grande partie des Landes Lorsqu'en 1308, Dax et Tartas tomberont entre leurs mains, ils se trouveront les principaux propriétaires du pays compris entre la Garonne et l'Adour.

Pendant qu'*Amanieu VI* agrandissait ainsi son patrimoine et devenait maître d'une partie du littoral landais, il mêlait une dernière fois son nom aux affaires de la famille de Navailles. Nous avons vu qu'en 1262 il avait garanti, avec plusieurs autres seigneurs gascons, un acte par lequel les Navailles promettaient au prince Edouard de démolir le donjon du château de Sault, si redouté des Anglais. Il paraît que cette caution n'était pas suffisante, car, le 27 mars 1263, *Amanieu* d'Albret donnait une seconde garantie (1). Il en était de même de ses voisins, Raymond, vicomte d'Orthe, Esquivat, comte de Bigorre, Pierre, vicomte de Tartas, et Géraut, comte d'Armagnac.

Enfin, en 1265, le sire d'Albret prenait part aux négociations matrimoniales qui s'engagèrent entre son ancien allié, Gaston de Béarn, et Thibaut II, roi de Navarre, pour l'union d'Henri, frère et héritier de ce dernier, avec Constance, fille de Gaston (2). Son nom est, en effet, mentionné, avec celui de son beau-père, Pierre de Bordeaux, et de Garcie-Arnaud de Navailles, dans l'accord conclu par les contractants, le 18 décembre, à Orthez. Mais on

habuimus de Gaillardo Columbo quod ea tenuit quondam nomine pignoris et etiam terram de Clar quam ei concesseramus ad melioracionem dicti escambii. Quas possessiones et tenencias que sunt dicti Petri et terram de Clar, idem dominus Amanenus nobis remisit et quittavit faciendo pro dicta terra de Maresma nobis et heredibus nostri ipse Amenenus et heredes sui jura et deveria que pro dicto castro de Milhan cum pertinentiis ipse et progenitores sui nobis et progenitoribus nostris facere debuerunt et consueverunt. Concedimus etiam eidem Ameneno quod in dicta terra de Maresma construere possit aliquam domum fortem ubi securius moretur. Volumus etiam et concedimus quod mil..... Milhan qui feoda tenuit predicto Ameneno extra honorem et castelliam castri predicti eidem et heredibus suis de dictis feodis servitia faciant debita et consueta. In cujus rei testimonium has literas nostras fieri fecimus patenter. Datum apud Salopes, XV die aprilis, anno regni domini patris nostri quadragesimo septimo. » Original parchemin ; le sceau manque.

(1) *Arch. histor. de la Gir.* I. p. 143.

(2) *Arch. des B.-Pyr.* E. 369. Cf Marca. Le P. Anselme est dans l'erreur quand il fait d'Amanieu V, dont il place la mort au plus tard en 1288, l'arbitre du mariage d'Henri de Navarre. L'acte est daté de 1205.

sait que ces fiançailles n'eurent pas de suite. Constance de Béarn
fut alors promise à Henri, fils aîné de Richard d'Angleterre, comte
de Cornouailles et roi des Romains. Ce ne fut qu'en 1267 que les
articles du mariage furent arrêtés. Gaston constituait, pour dot, à
sa fille, les vicomtés de Gavardan et de Brulois avec ses domaines
du diocèse de Bazas. Il s'ensuivait qu'*Amanieu*, vassal du vicomté
de Gavardan pour les châteaux de Bazas et de Cazenave, changeait
de suzerain. De là, sa promesse au fils du roi des Romains et à
Constance, représentés par Jean de St-Bricon et Michel de Mau-
conduit, de leur rendre les mêmes devoirs féodaux qu'à Gaston VII.
Cet acte (1) est daté du jour de Sainte-Catherine de l'année 1268.

Deux ans après, le sire d'Albret, pressé par la maladie, faisait
son second testament (26 juin 1270).

Depuis la rédaction du premier, sa femme, Mathe de Bordeaux,
lui avait donné deux fils, Amanieu et Arnaud-Amanieu, et une
fille, Mathe. De là, certaines modifications qu'il importe de noter(2).

(1) *Arch. des B.-Pyr*. E. 507 : « Universis Christi fidelibus presentes licteras
inspecturis *Amanevus de Lebreto*, salutem. Notum facimus quod........ nobilis
viri domini Gastonis de Biarno promittimus dominis Johanni de Sancto-Bricione et
Michaeli de Malconducto......... illustrissimi regis Alemanie primogeniti nomine
recipientibus et stipulantibus pro domina Constantia dicti domini Gastonis requisiti
et eidem domino Henrico cum ab eo fuerimus faciemus homagium, et alia que facere
debemus domino mutante......... Gastoni facere tenebamus pro feudis videlicet
castro Vasatensi et castro Casanova, cum honoribus et pertinenciis eorumdem
castrorum......... erimus eis intendentes et obedientes tanquam dominis, prout
eramus dicto domino Gastoni......... Iidem dominus Henricus et domina Cons-
tancia nobis ut vassalhis suis faciant quod facere tenentur, secundum ad leges et
consuetudines terre hujus. Quo ita contendere et observare fide prestita ad sancta
juramus evangelia. Et has nostras licteras concedimus in testimonium predictorum.
Factum in festo beate Katarine anno Domini CCLX mo octavo. »
    (2) *Arch. des B. Pyr*. E. 17.
    « In nomine Patris et Filii et Spiritus sancti. Amen.
    Conoguda cauza sia que jo *Amaniu de Labrid* filh del Nobla bar n'*Amaniu
de Labrid* e de la dona n'Assarida de Tartas sa enreir, malaus de cors, pero sans
de pensa e de bona memoria, fas mon darreir testament nomcupatur cassan e revo-
can tot altre testament que jo aquesti feit devant aquest. Et cum institution de hereteirs o de hereteiras es caps et fondaments de testament, jo avant ditz *Amaniu*
fas e instituisc e establisc Bernadeidz mon filh prumeir mon hereteir en tot e quant
que lo aghe no aver degs exceptade la terra de Maredma en la qual jo instituisc e
establisc Amaniu, mon altre filh, mon hereteir en tot quant que jo ei ne aver degs
sea mes l'esmenda del casted de Milhan o per conquesta o per compra que jo aghe
feita. Empero en tal maneira quel ditz Amaniu aghe e prenga e recepia la delta
terra de Maredma del soberdit Bernadeidz mon prumeir filh e quen sia sos hom et
sos cavoir. E quel ditz Bernadeitz fissa e sia tengudz de far e de pagar al senhor
les devers que jon fas ni sia tengudz de far. Losquals devers son aitals. So es assaber 1 cavoir de ost per la terra de Maredma e altre cavoir d'ost per tota ma altre
terra e XX libres de Bordel desportes al senhor Roi d'Anglaterra a senhor mudant.
E exceptades plus les altres cauzas après aqueso mentugadas. En les quals jo instituisc mos altres emfants. So es assaber que jo instituisc e establic Arnaud Amaniu

Il institue son aîné, Bernard-Ezi, héritier de tous ses biens, sauf de la terre de Maremme qu'il réserve pour Amanieu, son second fils, à condition que celui-ci demeure l'*homme* et le *chevalier* de son frère.

Bernard-Ezi devra, d'ailleurs, s'acquitter fidèlement des ser-

mon altre filh mon hereteir en dos milia sols de Morlas de renda, en X milia sols de tornes en deneirs per libres complatz. Lo qual vuilh que sia clerg. Los quals dos milia sols de renda l'assigni ei pauzi los mil sols en tota la renda que jo ei ne aver degs en la vila de Neirag ni als apertenements exceptade la justizia e la senhoria del medihs log de Neirag que vuilh que remange e sia del dit Bernadeidz mon prumeir filh. Els altres mil sols de Morlas quils sian assignadz en logs a lui suffi-cients per la conoguda de mes ordeneirs. En aquesta maneira quel ditz Ar. Amaniu no pusque la deita renda vener ni en altre maneira alienar per que del linhadghe ichis o posses ichir.

Item vuilh que si desanave de l'avant dit Bernadeitz mon prumeir filh senes heret paroent avants que del dit Amaniu fos hereteir en tot quant quel dit Bernadeitz aurra. E si per aventura desanave del dit Amaniu mon filh sens heret paroent avants que del dit Ar. Amaniu mon oltre filh, quel ditz Ar. Amaniu fos hereteir en so que lo ditz Amaniu aurra. E si desanave del dit Ar. Amaniu avants que del dit Ber-nadeidz quel ditz Bernadeidz fos hereteir en so quel ditz Ar. Amaniu aurra. Don jo substituisc l'un dels soberditz frairs a l'altre aichi cum desober es dit.

Item jo instituisc e establisc Assarida ma filha ma hereteira en X milia sols de Morlas, los quals lo doni per part e per dot e per maridadghe e en XII enaps d'argent que fi far a Bordel, en 1 enap d'argent ab pe, en doas senturas d'argent les melhors que jo ei, en XX baquas, en 1 taur, en dos leitz los melhors que jo ei.

Item jo instituisc e establisc Matha ma altra filha ma hereteira en altres X milia sols de Mo las los quals lo doni per part e por dot e por maridadghe dels quals X milia sols jo lei pagad los V milia sols. E vuilh quels maridadghes de les deitas mes filhas de deneirs sian pagadz de la part del dit Bernadeidz mon filh e quel medihs Bernadeidz los sia tengudz de pagar si pagadz no eren.

Item vuilh que tot lo remanent de ma baichera d'eaur e d'argent e de mes baquas sian a na Matha ma molheir e plus tot quant que jo lei dona per oscol segont que es contengud en cartas feitas per la man de Matth. W. de Prohensa comunal notari de Bordel.

Item vailh que si deguna de les predeitas mes filhas moria senes heret en maneira que so que jols ei dad en dot en maridadghe degos tornar a mi o a mon hereteir que de que fos pagad l'oscla de la deita na Matha ma molheir d'aitant cum seria.

Item doni e lesshi par esmendas e per restitutions dels torts e de les maleffeitas que jo ei fait ni pres no degudament de l'altrui, et per les deutes e per les almoinas de ma animel de mon pair et de ma muir o de tot mon linhadghe. IIII milia e D sols de Morlas de la questa de la Luga e tota la renda de Maredme salvade e retengude la mession de viande de la maizon de Maredme. Los quals IIII milia e D sols de la questa e la renda vuilh que sia pagad e despensad per la man e per lo conoguda des Arn. G. del God, prior del Mas e de Matt. G. d'Andiran e del gardian de Castedgelos. Aichi que id en perilh de lois animes e a salvation de la mia anima e de mon linhadghe l'offici que jols comandi fassen e excequen diligentment.

Item vailh et commandi als preditz mos hereteirs que id no fassen degu em-bargament als preditz excecutors del testament de ma anima quant a far les esmendas e a pagar les almoines e les deutes aitant entro que totas sian feitas e pagades complidament de la predeita renda. Pero si o fazian vuilh quels preditz sian tengadz en dos milia mares d'argent de ........ ........ . pagar. E quels milia mares fossen al maior senhor de la terra. Els altres mil mares que fossen donads en almoines a la conoguda dels preditz excecutors, e quel maior senhor lor en posceos vices et redevances dus par la maison d'Albret au roi d'Angleterre, c'est-à-dire : fournir un chevalier d'*ost* en raison de la terre de Maremme ; un autre chevalier d'*ost* pour le restant des fiefs et 20 livres bordelaises d'*esporle*, à chaque mutation de seigneur.

Arnaud-Amanieu, le troisième fils, recevra 10,000 sous tournois

o costrenher. E oltre aqueso que lor excecution agos valor entro que fos entegrament pagad e complid.

Item esligi ma sopultura a la gleiza dels Frairs Menors de Castedgelos en qualque terra Nostre Senhor fassa son comandament de mi. Al quel log doni e leisshi V milia sols de Morlas per far la gleiza e la maizon ; e meis XII deneirs Morlas d'almoine als frairs d'aqued medihs log cascun die per totz temps, aichi cum sa enreir lor i ei acustumad a dar per la anime de mi e de mon pair e de mon linhadghe a lor menghar e a lor beure e ales cauzas plus a lor necessarias. E meis XXX e IIII sols de Morlas cascun an per anniversari. E meis C sols de Morlas cascun an a lor vestir. Laqual almoine annualment vuilh e comandi que agued que sera hereteir del casted e de la vila de Castedgelos donia e pagie e sia tengudz de pagar cascun an per totz temps, als frairs del dit log de Castedgelos del peadghe del camin de Castedgelos et de la honor.

E vuilh que aqueso qu'en Berart mon frair, que fo, ordened en vita en son darreir testament per sa anime sia pagad. E vuilh que totz los deutz que jo devrei a la fin de ma vita sian pagadz per la man dels medihs excecutors.

Item vuilh quel carredgs de ma terra de blad et de vin a dels debedz, de venda, saub lo del mes de mudgs, que sia quiti cum jo no eg agh uzad per dreit. La qual cauza jo quiti per mi e per totz mos heretz per totz temps. E si per el temps passad que jo eg ei uzad deguns hom nere renourantz, quel fos esmendad a la conoguda dels preditz mos excecutors. E reconogo que les aubergades dels homes, dels cavoirs de nostra terra ne el uzad per dreit, ne les degs aver.

Item vuilh que dos cavoirs sian temes en la sante terra d'oltra mar o C marcs d'argent, lo qual a mos excecutors plus plaira.

Item doni e leisshi h cascun gleiza de ma terra dos marcs d'argent ob de calidz far h selebrar les missas.

Item doni e leisshi al senhor abesque de Vazadz, D sols de Morlas ; ala obra de Sent Johan de Vazadz, D sols de Morlas ; al capitula de Sent J. de Vazadz, D sols de Morlas ; al hospital de Cazalis mil sols de Morlas, altres mil sols de Morlas als homes propres de la medissha maizon. E h la maizon de F<sup>t</sup>. Guilhem mil sols de Morlas e D sols de Morlas als hemes propres de la medissha maizon. E h la maizon del Templa de Corts, D sols de Morlas. E h la maison d'Argenten, D sols de Morlas. A la obra de Senta Maria de Castedgelos, CC sols de Morlas. A la obra de Sent Raphaël de Castedgelos CC sols de Morlas. A la obra de Senta Maria de Bedlog, CC sols de Morlas. A la obra de Sent Gerbazi, près de Castedgelos, C sols de Morlas. Als Frairs predicadors de Bordel D sols de Morlas. Als Frairs menors de Borde,l CC sols de Morlas. Als Frairs predicadors d'Agen, CC sols de Morlas. Als Frairs menors d'Agen CC sols de Morlas. Als Frairs menors de Nerag CCC sols de Morlas. Als Frairs menors de Condom, CC sols de Morlas. Als Frairs menors del Mas, CC sols de Morlas. Als Frairs menors de Vazadz, CC sols de Morlas. Alla obra de la maizon de Bonlog del orden de Cistels, D sols de Bordel.

Item vuilh e comandi que li avant ditz mos excecutors fassen esmenda a la daune de Beirras e h la daune de Saint-Paul e h la daune d'Artos, a lor conoguda. E vuilh e mandi que an Bertran de Ladils sian rendudas C libros de Bordel neuf per esmenda, e al Mas del Tus, C libros de Bordel. E vuilh que a les filhas don W. d'Arribes, qui fo, sian rendudz CCC sols de Morlas per esmenda. E cum totz e senglas los mals que jo ei feit ne pusquan estre enteirament prohad, vuilh quels excecutors de ma anime segont la dignitad e la condicion de les personas dels demandedors e segont, la, prélevés sur le revenu de la ville de Nérac. Le testateur veut qu'il soit clerc.

A sa première fille, Assaride, *Amanieu VI* lègue 10,000 sous Morlas, 12 hanaps d'argent « qu'il fit faire à Bordeaux, » 20 vaches, 1 taureau et 2 lits, « les meilleurs qu'il possède. » Mathe, sa seconde fille, hérite aussi de 10,000 sous Morlas.

quantitad del deman, quils sia esmendad senes estreita proba e a la conoguda dels preditz mos excecutors. Item vuilh que an G. de Tanlen sia renduda la deima de Bert e qué totz los fruitz que jo nei pres, lo sian rendudz ; e ed, que sia tengudz de redre les messions rezonablement que jon ei feit. E dels conbents que ed ma de la terra de Lane vener per DCC sols de Morlas sino eg ere quen sia crezudz per son segrement. E del deman que homes de Vazadz ma fen de l'affar de Boos e de Taverton que sia à la conoguda d'en Bertran de Ladils et si prener no eg volen, quils en fos hom judghament.

Item vuilh e mandi que na Matha, ma molheir, agha e tenga e possedisqua ab sos filhe e obs de sa mainade nuirir, la miitad dels fruitz e de les ichidas de tota ma terra, exceptadz los IIII milia e D sols de Morlas de la questa de la Luga, e la renda de Maredma, aichi cum desus es dit. E quen sia dona e pozestediva, tant cum a lei plaira estar senes marid. E si a leis no plaze nes pode be consentir ab mos filhs, jol doni lo Castednau de Sarnes ab totas les rendas els apartenements del casted e de la honor. E que era s'en servia per tot lo temps de sa vita, cum vorra estar senes marid. Ab tot aqueso que io lei donad per oscla e per maridadghe segont que es contengud en cartas feitas per la man de Matt. W. de Prohensa comunal notari de Bordel. Lo qual oscla el maridadghe jol conferri.

Item vuihl e fas e ordeni e establisc en quest mon darreir testament, en ma darreira voluntad, mosenhor en G. d'Armanhag, mon cozin, tutor a mos filhs en lors personas, en totz lors bens, en tota ma terra, pregantz lui e requerents en la fe en lo parentad quen es tengudz, que ed recepia en sin la qarqa de la tuteiria de mos enfants e de ma terra aichi cun de sober es dit. E quels deffenda de pleitz et de guerras que a én avant sa poiren escazer. E arecepia en sin totas qarqas que offerian a offici de tutor. E per aquestas cauzas far e complir vuilh et autreihi quel medihs mosenhor en G. aghe e tenga et possedisque e paga e recepia l'altre maitad dels fruitz et de les cluites de tota ma terra, exceptadz los IIII milia e D sols e la deita renda de Maredma, aitant entro mos filh a hetad de XIIII ans. La qual hetad complida vuilh que la deita maitad sia renduda a mon filh per lo dit mosenhor en G. Esteirs a queso vuilh e comandi que la or Dius aura feit son comandement de mi quels balles de mos castedz, los castedz bailhien e livrian al dit mosenhor en G, quant ed lor en somoira. E vuilh e comandi a totz los homes de paradghe e als borges e a totz mos altres sotzmes que fassen al dit mosenhor en G. los devers que a mi son tengudz de far tant cum la predeita tuteiria durra. Sian segrement o fizeltad o altres devers de senhorias. E doni al dit tutor cosselhedors e ajudedors e deffendedors mosenhor n'Amaniu, per la gratia de Diu, archiebesque d'Augs, al qual doni e quiti aquedz mil et D sols de Morlas que ed ma devia, en Anasans de Caumont, senhor de Senta Bazelha, en Amaubin de Bares, en Galhard del Soleir, en Bertrand de Ladils. E pregi lo hondrable pair en Christ, lo senhor abesque de Vazadz el hondrable pair en Christ lo senhor abesque d'Agen, el nobla baron mosenhor en Gaston de Béarn, que à l'avant dit mosenhor en G. cui tot sol jo el donad tutor a mo filhs e u ma terra e a ma molheir, quant id nels requiran, los sian ajudedors e valedors. E vuilh que li preditz excecutors, del testament de ma anima pusquen declarar la cauzas que conoicherrn escuras en mon testament dels cars contengudz en lo medihs testament, senes amermar lo proces del testament à la lor medissha conoguda.

Testimonis en P. de Bordel, dauzed, e mosenhor en Gachion de la Marque, en Bertran de Moissag, en Beralt del God, en Guilard de Borg, en Bertran de Bares,

Quant à Mathe de Bordeaux, sa femme, le sire d'Albret lui renouvelle les legs déjà mentionnés dans le premier testament. De plus, il lui donne la moitié des fruits et revenus de toute sa terre, sauf ce qu'il réserve pour la réparation de ses « torts et méfaits », afin qu'elle puisse entretenir ses filles et sa maison. Si elle ne parvient pas à s'accorder avec ses filles, elle recevra le château neuf de Sarnes avec toutes ses rentes et appartenances, du moins tant qu'elle ne prendra pas un second mari.

Viennent aussi les clauses concernant les réparations et restitutions. Le testateur consacre à cet objet 4,000 sous Morlas, les redevances de la Luque et la rente du pays de Maremme. Il choisit Arnaud-Guilhem de God, prieur du Mas d'Agen, Mathieu Guilhem d'Andiran et le Gardien de Casteljaloux, comme répartiteurs de ses legs.

Il ordonne d'abord qu'on exécute ponctuellement les dernières volontés de son frère Bérart, qui n'est plus.

Il renonce au profit des hommes de sa terre à certaines redevances en blé et en vin, ainsi qu'à certains services féodaux qu'il reconnaît avoir injustement exigés. On enverra « à la Sainte-Terre d'Outremer » deux chevaliers, ou une somme de cent marcs, au gré des exécuteurs.

Réparation soit faite à la dame de Beyras, à la dame de Saint-Paul et à la dame d'Artos.

Qu'on restitue 100 livres bordelaises neuves à Bertrand de Ladils ; autant au Mas de Tus ; 300 sous Morlas aux filles de Guilhem d'Arribes ; la dîme de Vert à Guilhem de Tanlen, etc.

Le sire d'Albret choisit, comme précédemment, pour sa sépulture, l'église des Frères mineurs de Casteljaloux « en quelque lieu et en quelque terre que Notre-Seigneur fasse son commandement de lui. » Il laisse 5,000 sous Morlas pour la construction de l'église et du couvent, et assigne une rente perpétuelle de 12 deniers Morlas par jour aux Frères mineurs « pour leur manger et leur boire, » et 100 sous Morlas par an « pour leur vêtir ». Ces sommes

Arn. de la Fita, en G. del God, cavoirs, en Bertran de Ladils, frair P. Morl. gardian de Vazadz, Matt. W. del Padgs en Bertran del God......... de Gaufre, Senheron de Juzigs, G. del God Ar. de Boquiran.

Actum die exitus junii anno Domini MCCLXX. Regnante Henrico, rege Anglorum. W. episcopo Vasatensi e P. de Lar, tabellione Castrigelozii, qui scripsit de mandato et voluntate dicti testatoris. » (Original parchemin.)

devront être prises sur le péage de la route de Casteljaloux. Enfin il renouvelle aux églises, monastères et hôpitaux les dons déjà indiqués dans l'acte de 1262.

Il finit en confiant la tutelle de ses enfants et de sa terre à son cousin, le comte Géraut d'Armagnac, qui s'adjoindra, en qualité de conseillers et d'auxiliaires, Amanieu, archevêque d'Auch, les évêques de Bazas et d'Agen, Gaston de Béarn, Anassans de Caumont, seigneur de Sainte-Bazeille, Amaubin de Bares, Galhard de Soleir (1), Bertrand de Ladils (2).

Les témoins de l'acte sont : Pierre de Bordeaux (3), Gassion de la Marque, Bertrand de Moissac, Beraut de God, Guitard de Bourg, Bertran de Bares, Arnaud de la Fite, Guilhem de God, Bertrand de Ladils, le gardien de Bazas, Mathieu-Guilhem de Pudgs, Bertrand de Cod, Seignoron de Jusix, Guilhem de God et Arnaud de Boquiran.

Tel est le dernier document qui, à notre connaissance, se rapporte au règne d'*Amanieu VI*. Les Bénédictins ne donnent pas l'époque de sa mort, mais fixent l'avénement de son successeur au plus tôt en 1270 (4). La mort d'*Amanieu VI* a dû certainement arriver entre 1270 et 1273 ; car on voit dans un acte de 1273 que Géraut d'Armagnac exerce déjà la tutelle de l'Albret, au nom de Bernard-Ezi (5).

Avec la vie d'*Amanieu* se termine la période primitive de l'histoire de la maison d'Albret. Au delà, les documents se multiplient, deviennent plus étendus, plus précis, et rentrent plus directement dans le cadre de l'histoire générale. La filiation des seigneurs d'Albret, obscure et incertaine jusqu'à Amanieu VI inclusivement, n'offre plus de doutes après lui ; les dates des morts et des avènements sont connues ; les contrats de mariages apparaissent ; en un mot l'érudit peut marcher déjà avec sûreté sur un terrain plus consistant. Nous devons donc arrêter ici notre notice, avec le regret de la donner encore trop incomplète et la conviction que

(1) Sur la puissante famille bordelaise des Soleir, voir *Notice sur le ms. de Wolf*. p. 72 et les *Études sur Bay*.
(2) Bourgeois de Bazas. Voir *Arch. de la Git*. III p. 6, 7, 18.
(3) Beau-frère d'*Amanieu VI*.
(4) *L'Art de vérif. les dat*. II p. 202.
(5) *Arch. histor. de la Gir*. t. V. p. 323.

des recherches approfondies faites dans les collections particuliè-
res et surtout dans certains fonds manuscrits de la Bibliothèque na-
tionale, combleraient bien des lacunes et permettraient de recons-
tituer avec plus de certitude un passé si intéressant mais si difficile
à retrouver.

Pau.— Imp. Veronese.

133